PANORAMA LITERARIO
DE LOS
PUEBLOS NAHUAS

ANGEL MA. GARIBAY K.

PANORAMA LITERARIO

DE LOS

PUEBLOS NAHUAS

NOVENA EDICION

EDITORIAL PORRÚA
AV. REPUBLICA ARGENTINA, 15
MEXICO, 2001

Primera edición, 1963

Copyright © 2001

Las características de esta edición son propiedad de la
EDITORIAL PORRÚA, S.A. DE C.V. -4
Av. República Argentina 15, 06020 México, D.F.

Queda hecho el depósito que marca la ley

Derechos reservados

ISBN 970-07-3162-6 (Rústica)
ISBN 970-07-3073-5 (Tela)

IMPRESO EN MÉXICO
PRINTED IN MEXICO

PRELIMINAR

Ha pretendido el autor presentar una visión de conjunto de la producción literaria de los pueblos de habla náhuatl. Ciñéndose a lo esencial, da notas y orientaciones para el estudio posterior de esta importante mina de pensamientos y emociones que nos legaron los pueblos de esta lengua. Como es natural, hay lagunas y deficiencias, algunas de ellas totalmente voluntarias. La índole de esta serie de publicaciones es de brevedad y precisión. Para quien intente profundizar la materia doy una nota bibliográfica suficiente.

Agradezco a la Editorial Porrúa la hospitalidad que da a este libro y a los lectores anticipadamente la benevolencia con que lo 'acojan.

ANGEL MA. GARIBAY K.

Julio de 1963.

INTRODUCCION

1. *Objeto de este libro.* Un examen de conjunto de lo que puede decirse, en el estado de los conocimientos e investigaciones acerca de la producción literaria del México anterior a la conquista española, que se expresaba en lengua náhuatl es el tema general de este trabajo. No se trata, por consiguiente, ni de una síntesis de todos los datos adquiridos, ni mucho menos del total fondo de la producción. Es el intento ofrecer a toda persona de mediana preparación científica el cuadro de lo que fue la cultura espiritual en su manifestación literaria. Es preciso, por consiguiente, aclarar los conceptos.

Todo pueblo, por rudimentario que sea su progreso, piensa y habla. Entre los que hablan, unos lo hacen mejor que otros. Piensan más alto, sienten más hondo y hablan más claro, para hacer reminiscencia de una conocida definición de lo que es arte literario. Y los demás procuran guardar lo que ven que agrada y transmitirlo a las generaciones posteriores, por los medios que tengan a su alcance. Así nace el acervo que formará el núcleo de una literatura. No podemos negar a los grupos que vivieron durante centenas en este suelo la misma capacidad que suponemos en todos los demás. Pero el caso concreto, tenemos que ver si el hecho corresponde a la suposición. Y para asegurarnos del hecho debemos saber qué fuentes de información tenemos y qué crédito merecen a quien las examina con discreta severidad de crítica histórica y textual.

Pero como el terreno resulta abundante en extensión, será necesario antes definir los límites de tiempo y de espacio en que va a moverse nuestro estudio. Otro tanto hay que hacer en la naturaleza misma de la materia investigada.

Antes de la llegada de los que trajeron a América la cultura que por comodidad llamamos de Occidente, hubo en el inmenso continente americano florecimiento de culturas. Tres núcleos fundamentales se señalan en este conato de agrupar los datos fijados hasta ahora. Uno en la América Meridional, en la zona andina. Otro en la región intermedia entre los dos semicontinentes de América, o sea en la península de Yucatán, y los istmos de Tehuantepec y Centroamérica. El tercer núcleo de culturas es el de la Altiplanicie de México central. Este último territorio es el que nos atañe. Pero como hay entre la segunda y la tercera zona de las señaladas tales relaciones íntimas de interculturación, lo convenido es estudiar estas regiones bajo un general complejo que suele llamarse Mesoamérica, aunque no coincide en absoluto con los límites de la segunda zona.

Dentro de la Mesoamérica pueden señalarse y han sido catalogadas diferentes culturas, o subculturas. Teotihuacan, Tula, la Huasteca, la misteriosa cultura Olmeca, los Tarascos, etc., son otros tantos objetos de estudio y de indagación en todos los aspectos culturales. Sin olvidar las civilizaciones ístmicas del territorio mexicano, tales como la Zapoteca y la Mixteca. Es evidente que en el estudio que emprendemos dejamos a todas las zonas y culturas a un lado y limitamos nuestra exposición a los hechos literarios de los pueblos que hablaban la lengua náhuatl y en ella dejaron consignados sus pensamientos y emociones.

Documentos conocidos en lengua náhuatl o mexicana,[1]

---

[1] Se usará en este libro el calificativo "náhuatl" o "mexicano antiguo" para el producto literario que se examina. No el de "azteca", por ser este propio del pueblo que fundó y elevó el señorío de Tenochtitlan a la altura de que lo derribó la conquista española. Como la producción literaria abarca pueblos diversos y algunos ni siquiera incorporados al llamado 'imperio az-

son los que tendremos a la vista para la reconstrucción de este conjunto de datos. Es muy probable y casi seguro que en estos documentos se hayan consignado producciones literarias que fueron primariamente redactadas en otras lenguas:[2] no importa para nuestra investigación. El hecho cierto es que llegan a nosotros en lengua náhuatl. Los incluimos en la exposición de este literatura y dejamos a los filólogos la tarea de averiguar, si es posible, el origen de temas, modalidades y formas literarias que provienen de otras culturas. Tenga el lector presente que este ensayo no es para hablar de toda literatura indígena, sino exclusivamente de la literatura en lengua náhuatl que hemos podido conocer hasta la fecha.

De estos documentos tomamos lo que tiene interés literario. Concepto difícil de definir, por otra parte. La pura expresión de un hecho o una doctrina puede no ser literatura, en el sentido estricto de bella literatura, pero cuando se reviste de adornos imaginativos, o de un conato de belleza literaria, aunque narre realidades históricas, o intente transmitir nociones filosóficas, quedará en el ámbito de las letras, tal como las entendemos hoy día. Es tan claro esto que no necesitamos invocar el ejemplo de Platón, que en sus diálogos hace filosofía y literatura, ni el más cercano a nosotros, de Bernal Díaz del Castillo, que pretendiendo hacer historia, no deja de ser un precioso autor literario. Es decir, que todo aquello que se irisa con el halo de la fantasía, cae dentro de los límites que nos hemos fijado. Tanto más que de ne-

teca", tales como Tlaxcala, Huejotzingo, etc., es más justo el término que usamos y que es el de la lengua en que se redactaron estos productos literarios.

[2] Cabe la posibilidad de que en lengua náhuatl se nos hayan conservado obras poéticas de pueblos anteriores o extraños a esta cultura. En algunos casos puede rastrearse este origen. No es de mi incumbencia ahora ni cabe hacerlo en un estudio sumario como es éste. En lengua náhuatl se hallan y a la literatura de esta lengua los atribuimos, sea cual fuere su origen.

cesidad nuestra documentación es escasa, por razones que se exponen abajo.

El límite en el espacio es el que tuvieron los pueblos de habla náhuatl.[3] Por tanto, incluimos producciones de la ciudad de Tenochtitlan y sus inmediatas zonas, lo mismo que de los demás pueblos que habitaron en el Valle de México, y pasamos a estudiar también a los de la región hoy día poblana. Prácticamente en estas dos grandes zonas territoriales se desenvolvió la cultura náhuatl. Para ser más explícitos, mencionaremos el nombre de las ciudades estados, más o menos libres, de que tenemos documentación en que apoyar nuestra indagación. México, con doble faz, o sea, Tenochtitlan y Tlatelolco, Tezcoco, Tlacopan, Azcapotzalco, Chalco, Cuauhtitlan y sus satélites, Tlaxcala, Huejotzingo, Tecamachalco, Cholula. Estos como principales lugares de donde tenemos verdadera base documental, aunque de diversa índole y de diversa importancia.

El límite de tiempo es fácil de definir por la parte terminativa. El 13 de agosto de 1521, al caer para siempre el Señorío Tenochca, la vida del pensamiento quedó orientada a otros rumbos. Y si aún hay documentos que guardan la vieja producción y de hecho todos los que tenemos fueron redactados después de esta fecha, en la forma escrita que los hace accesibles, la crítica más exigente tiene que convenir que reproducen el pasado unos, y que están normados y amoldados a los viejos criterios otros. Podemos abarcar el siglo XVI en su integridad, ya que a sus fines hay escritos que guardan el perfume del pasado. De hecho, la limitación cronológica pide el año de 1521.

No es tan fácil determinar la data más antigua, o inicial

---

[3] El estudio mejor y casi único que nos fija los límites de la extensión del dominio de Tenochtitlan es el de Barlow, *The Extent of the Empire of the Colhua Mexica*, 1949.

de estos productos literarios. Como la casi totalidad reproduce relatos y recitaciones orales que se transmitieron de generación en generación, casi siempre habrá que fijar su origen en una etapa contemporánea a los hechos que narran o a los que de alguna manera hacen alusión. Esto puede hacerse en muchos casos con bastantes poemas, narraciones, discursos, etc. Pero fijar un límite seguro de antigüedad es imposible. Hay el de la conjetura bien fundada. Y como por otra parte, tenemos datos históricos bien aquilatados, no es erróneo datar de procedencia del siglo XIV y aun en ciertos casos, aunque más problemáticamente, del mismo siglo XIII.

Tendríamos de esta manera unos tres siglos de literatura náhuatl prehispánica, como objeto de investigación en estas líneas. Y aunque en la era de la Nueva España hubo un nuevo florecimiento de escritos en esta lengua, queda totalmente fuera de esta exposición.[4]

Escritos que reproducen composiciones en lengua náhuatl de todos los rumbos en que ésta se habló y que provienen del XIII al XVI es el objeto de la investigación y de la exposición presente.

En los límites discrecionales de esta obra tenemos que reducirnos a exposiciones sintéticas.

Antes tenemos que dar a conocer las fuentes y el valor documental que tienen, siempre en los ámbitos de la sobriedad.

2. *Fuentes.* Estas son de dos clases: unas dan datos históricos que comprueban la existencia de la producción literaria entre los antiguos mexicanos de la región nahua. Podemos llamarlas *Fuentes de Información.* Otras reproducen el material mismo que es objeto de esta exposición. Merecen el nombre de *Fuentes de conservación.* Es útil y aun

---

[4] La trato ampliamente en mi *Historia de la Literatura Náhuatl,* tomo segundo.

necesaria una breve descripción de las principales de uno y de otro grupo.

A. Fuentes de información [5]

Motolinía, nombre con que es conocido Fr. Toribio Paredes, o de Benavente, uno de los doce primeros misioneros franciscanos y el que antes que nadie recoge datos acerca de la antigua cultura, en dos recopilaciones de noticias, una que forma sus *Memoriales,* fondo de posterior obra, *Historia de las Indias de la NE.* Ambas obras escritas entre 1530 y 1546.

Olmos, Fr. Andrés, venido en 1528 y comisionado para escribir la historia de la cultura indiana, deja fragmentos y escritos no publicados, que se examinan abajo. A él se debe en especial la recopilación de los discursos morales y educativos denominados *Pláticas de los Ancianos,* o sea *Huehuetlatolli.* Lo que de él queda, tanto en castellano, como en náhuatl, fue recogido entre 1528 y 1550.

Sahagún, Fr. Bernardino, a quien se debe en especial la historia sistemática de las cosas de Nueva España, que fundada en documentos que examinamos luego, redactó en Doce Libros. Sus escritos se dieron a luz hasta la época de México Independiente. Como información acerca del tema es la más abundante y sólida fuente.

Durán, Fr. Diego, dominico, que nacido en España, pasó a México en edad siete años y vivió en Tezcoco hasta los dieciocho, habiendo permanecido siempre en contacto directo con los indios. Sus obras de carácter etnográfico e histórico son tres: *Ritos, fiestas y ceremonias,* 1570; *Calendario,* acabada en 1579, e *Historia Azteca,* que se terminó en 1581. Es

---

[5] En la *Bibliografía* se dan las noticias acerca de estas fuentes y sus ediciones, cuando existen.

tan valiosa su información como la de Sahagún y en algunos temas y puntos la supera como testimonio directo de lo que pudo ver entre 1542 y 1555 en su estancia en Tezcoco.

Pomar, Juan Bautista, indio, que escribe una Relación de Tezcoco, en 1582, en que da cuenta de lo que sabe en su ciudad nativa y por los datos recogidos en su familia. Le debemos principalmente la conservación y recopilación de poemas de la región de su ciudad natal, que se conserva bajo el nombre de Romances de los Señores de la Nueva España y de la cual hablo abajo.

Mendieta, Fr. Jerónimo, que en su *Historia Ecca. Indiana* reúne muchos datos de fuentes hoy desaparecidas. Se terminó la obra en 1596.

Tezozómoc, D. Fernando de Alvarado, indio de la familia real de Tenochtitlan, autor de dos obras, una en náhuatl, cercana a 1600, en que recoge más bien documentación antigua en orden histórico, con elementos literarios que se examinan abajo, y otra en castellano, *Crónica Mexicana,* de información general, terminada hacia 1598.

Ixtlixóchitl, Fernando de Alva, recopilador de documentos y autor de una Historia Chichimeca, referente a Tezcoco, en que da abundantes datos acerca del tema de nuestro estudio, y que aunque son tardíos en su forma, se basan en documentos e informes de primera mano, por ser también él de la familia real de Tezcoco, aunque no indio puro. Su obra fue redactada en el primer decenio del siglo XVII.

Torquemada, Fr. Juan, que en su *Monarquía Indiana,* escrita en los primeros decenios del siglo XVII, pero con documentación abundante y bien calificada del siglo anterior, que nos conserva la memoria de documentos no conocidos.

Fuera de estos autores que escriben en lengua castellana y que dan la abundante veta para la reproducción histórica de la época prehispánica en otros muchos documentos pueden hallarse esparcidos testimonios que hacen sólida la indagación.

El examen detenido de estos diez testimonios, los más de ellos independientes, es suficiente fundamento para que se pueda hablar de la existencia de producción literaria que podemos tener por segura. Pero no solamente tenemos el testimonio de su existencia, sino la producción misma en su lengua original conservada en las:

B. *Fuentes de conservación*

Estas son de dos órdenes: unas han sido dadas a la luz pública y aun traducidas; otras son aún inéditas. De unas y otras damos noticias y advertimos que hay muchas que aún no han sido investigadas, aunque se tiene el dato de su existencia.

Manuscrito en náhuatl, conservado en la B. Nacional de París, bajo los nn. 22 y 22-B. Complejo que abarca documentos históricos y literarios, de diversas manos y de diverso contenido. El más antiguo es de cerca de 1524 y uno lleva la fecha de 1528, que es el más importante. Se conoce generalmente con el nombre de *Unos Annales Históricos de la Nación Mexicana* que le dio su descubridor Boturini. Dado a luz en facsímil por Mengin, en Copenhagen, 1945.

Cantares Mexicanos, Ms. en náhuatl de la B. Nacional de México, que es la fuente principal para el conocimiento de la poesía náhuatl. Formado de una recopilación de material literario de todos los rumbos de la lengua, y recogido entre 1532 y 1597, en que se agregan algunos poemas. La parte principal fue copiada entre 1560 y 1570. Pertenece al fondo documental de las informaciones que reunió Sahagún para su Historia, aunque no aprovechó ningún material en ella, aunque sí en su *Psalmodia*, dada a luz en 1583. Edición facsimilar en México, 1904-6, por Peñafiel.

Informantes de Sahagún, Manuscritos en lengua náhuatl, reunidos entre 1548 y 1585, que constituyen una abundantísima recolección de materiales históricos, etnográficos y literarios, que sirvieron de base al autor de la Historia General, aunque no aprovechó todo el material allí contenido. Es una de las fuentes más seguras, abundantes y precisas de la producción literaria de los nahuas. Por su particular interés se hace una reseña de los principales documentos que tocan al asunto que estudiamos aquí:

Veinte Himnos rituales que decían a los dioses en los templos y fuera de ellos, recogidos en Tepepulco, hacia el 1550, que aunque incompletos y fragmentarios, son de la mejor cepa de producción auténticamente conservada. Dados a luz por la UNAM en 1958, con introducción, estudio y comentario del autor de este estudio.

Todo el *Libro Sexto*, que recoge discursos, instrucciones, noticias históricas de relatos tradicionalmente conservados, poemas insertos en estos relatos, leyendas, proverbios y adivinanzas. Se recopiló en la forma de colección por el año 1547.

El *Poema de Quetzalcoatl*, que forma el Libro Tercero en su parte principal, prosificado pero con suficiente material auténtico.

Monografías acerca de los gremios de comerciantes en grande, artífices de metales, piedras preciosas y pluma. Cada una está redactada por personas pertenecientes al gremio correspondiente, y da con las noticias de la técnica, muestra de cómo se redactaban tales monografías informativas. Parte de ellas ha sido también publicada por la UNAM, tal como la de los datos sobre culto y los traficantes en grande.

Informes etnográficos, que además de reproducir consejas o tradiciones, insertan a veces poemas de carácter épico.

Historia de la Conquista de la ciudad de Tenochtitlan,

escrita directamente por los naturales, y una de las mejores muestras de su manera literaria.

Fuera de estos materiales directamente antigentes a la investigación literaria, en toda la colección de fuentes se halla mucho que puede examinarse como muestra de la forma de redacción, vgr.: en la descripción de plantas y animales.[6]

La gran abundancia de testimonios literarios de este fondo de información bastara para fundamentar una investigación literria. Pero, como se va viendo, es este tesoro en lengua náhuatl uno de tantos manantiales de conocimientos.

Restos de la colección de Olmos. Está constituido por los manuscritos que conservan las *Pláticas de los Ancianos,* en su redacción primitiva. Se conocen tres principales: Uno en la B. del Congreso de Washington, recogido antes de 1547. Otro en la misma Biblioteca, posterior al anterior. Uno más en la B. Nacional de México, redactado por el medio siglo XVI. Son los documentos acaso más auténticos de todos los recopilados, tanto más que no son copias, sino los primeros originales.

Códice de Cuauhtinchan. Ms. de la B. Nacional de París, conocido con el nombre de *Historia Tolteca-Chichimeca,* que le puso Boturini. Redactado en su forma actual por el 1545. Fuera de relatos y sagas hay en este documento pequeños poemas sagrados de los de mayor antigüedad.

Códice de Cuauhtitlan, Ms. de la B. del Museo N. de Arqueología y Etnografía de México, en el cual se contienen dos documentos en lengua náhuatl de los más importantes:

Los *Anales de Cuauhtitlan,* propiamente dichos, que se terminaron de redactar en 1570, y el Ms. que llamó Del

---

[6] La excepcional importancia de los documentos de Sahagún para este campo de la literatura náhuatl podría hacernos decir que aunque no hubiera la cantidad de documentos que hay, muchos aún no investigados, bastaba esta colección para fundar un estudio histórico de la misma literatura. Para las ediciones y principales estudios acerca de Sahagún ver la *Bibliografía.*

Paso, *Leyenda de los soles,* que es de 1558. En uno y en otro se recogen poemas, leyendas, relatos orales, mitos de los más auténticos. *Crónica Mexicáyotl,* Ms. de la B. del Museo N. de A. y E. redactado al fin del siglo XVI, principalmente por Tezozómoc, y en el cual se contienen poemas épicos y sagas adaptados al relato histórico. *Romances de los Señores de la Nueva España.* Colección reunida por Juan Bautista de Pomar en región de Tezcoco, sumamente importante para la plena indagación sobre la poesía. En prensa en la UNAM.

A estos principales documentos pueden agregarse bastantes más, tales como las *Relaciones de Chimalpain,* el *Códice Aubin* (1576). Un Ms. de Cantares de la B. del Museo N. de A. y E. y otro de la B. N. de París, que si son utilísimos para la total investigación, no se toman en gran cuenta aquí por bastar los anteriores como mina de información y de textos.

La abundancia de materiales auténticos,[7] hace que la indagación sea no solamente posible, sino sobreabundante. Pocas literaturas antiguas nos ofrecen tal abundancia de testimonios.

3. *Lengua y estilo.* Condiciones esenciales para el desarrollo de una literatura son la lengua en que se elabora y las características de expresión que la tradición impone y que en vocablo comprensivo solemos llamar estilo. Necesario es resumir aquí conceptos atingentes a una y a otro.

La lengua náhuatl,[8] es una de las más aptas para la expresión del pensamiento en todas sus modalidades. Su evo-

---

[7] La prueba directa y propia de cada documento como auténtico debe hacerse en la introducción de la edición del mismo. No sería posible aquí descender a la exhibición de pruebas en cada una de estas obras.

[8] La misma razón dada en la nota primera milita en favor de la designación de la lengua con este calificativo de "náhuatl". El significado de la palabra es "claro, limpio, sonoro". Como lo es en efecto este idioma.

lución probablemente muy larga ha hecho de ella medio de análisis mental muy refinado y le da una maleabilidad asombrosa para la finura de matices.

Fonéticamente es de fácil pronunciación: carece de sonidos guturales, nasales y complejos de muchas consonantes. Su sistema vocálico es sobrio y sumamente simple. Cuatro vocales propiamente, que corresponde a las del castellano A E I O y una medial entre O y U. Esta se halla diferenciada en O o en U, según los rumbos de la lengua, o según la colocación de la vocal con orden a las consonantes que la rodean. Las dos semiconsonantes Y W son como en castellano, en muchos casos, resultado de la colocación: U seguida de vocal. Y seguida de vocal, se hacen semiconsonantes: *Ueuetl,* que fonéticamente es "wewetl" (cfr. castellano "huevo" cuya escritura pudiera ser "wuevo"). Otro tanto debe decirse de la I segunda de vocal: *Ieuatl* tanto como "Yewatl".

El sistema consonántico carece de sonidos que en castellano se expresan con F G J D B Ñ C y Z (en sonido de Castilla), R V LL y X. Con lo cual los sonidos totales de la lengua son veintiuno, incluyendo dos que aparentemente son dobles, pero en realidad son un sonido peculiar, representado por los primitivos alfabetizadores de la lengua con dos letras. Tales son TL y TZ, o más correctamente TS. Estos son, además, los únicos sonidos que ofrecen alguna dificultad, que como se advierte, es mínima.

Agréguese a esto que el acento de intensidad es siempre colocado en la sílaba penúltima de la palabra o frase y se tendrá el cuadro de la modulación lingüística del náhuatl.

Morfológicamente cuenta con recursos inagotables. Mediante semantemas nominales y verbales, breves en general y muy comúnmente monosilábicos, se pueden agrupar muchos conceptos que en la palabra resultan toda una frase compleja que en otras lenguas habrá de expresarse con muchas palabras. Por otra parte, estos semantemas están tan bien identificados y especializados que no es fácil crear confusiones en la composición. Con lo que la lengua resulta sumamente precisa. Hay necesidad de dar aquí algunos ejemplos que hagan perceptible lo dicho.

Mochalchiuhacayotitia: "se está haciendo como esmeraldas talladas en forma de caña". Palabra en que se hallan siete semantemas con función propia de expresión que hago resaltar en la lista siguiente:

mo — índice de reflexivo, expresado en castellano con "se".

chalchihuitl — designación de cosa incluida en el grupo como término de comparación, "como esmeralda".

acatl — otra cosa que viene a servir de medio de calificación: "caña".

yo — semantema que expresa la relación con el sustantivo a que se une: "acañado".

ti — semantema que hace activa la significación, dando carácter verbal al sentido.

ti — semantema de repetición de acto.

a — semantema de aplicación activa y de tiempo presente.

Forzando la lengua castellana tendríamos que decir en una sola palabra: "multiesmeraldaacañadamente".

Similares hechos tenemos en los textos poéticos con grande abundancia. No es posible recargar esta exposición con muchos casos. Doy, sin análisis, los que siguen:

Timoyolcecenmana: "das tu corazón a una cosa en pos de otra".

Ayuhtlancayotl: "cosa que de ningún modo concluye": absurdo, necedad.

Por lo que toca a la coordinación de proposiciones para dar un sentido completo la lengua no tiene el carácter de composición, sino de yuxtaposición de juicios. En vez de hablar de sintaxis, hemos de reconocer el tenor paratáctico de este idioma. Es decir, que no hay enlace de afirmaciones, negaciones, etc., mediante partículas que indican la dependencia, sino más bien una simple acumulación de sentencias que van dando los diversos matices del pensamiento. Se aclara y se hace perceptible, al mismo tiempo que evita la confusión o complicación de los pensamientos, como acontece en lenguas que tienen un sistema de enlace netamente sintáctico.

Un solo fragmento tomado de las exhortaciones de los padres a sus hijos, tal como nos lo recogió Sahagún en su Libro VI (cap. 21), nos dará muestra de esta manera de expresión. Me limito a traducirlo tal como se halla en su construcción nativa:

"Los pequeñitos mueren: jades, turquesas, joyas mueren: no van al lugar de espantos: allí está el aire cortante y helado: sitio de los muertos. Van a la casa del sol, la casa del Señor de nuestra vida: viven junto al Arbol de nuestra vida: chupan miel en las flores del sol: viven en el Arbol de nuestra vida: en él chupan miel."

Leamos ahora la manera con que tradujo al castellano el anterior fragmento Sahagún, dando las modalidades sintácticas que nuestra lengua exige:

"Los niños que mueren en su tierna edad, que son como unas piedras preciosas; éstos no van a los lugares de espanto del infierno, sino van a la casa del dios que se llama Tonacatecuhtli, que vive en los vergeles que se llaman Tonacacuauhtitlan, donde hay todas maneras de árboles y flores y frutos, y andan allí como zinzones, que son avecitas pequeñas de diversos colores que andan chupando las flores de los árboles" *(o. c. 1956, II, p. 144).*

No hay necesidad de hacer notar que un estilo de expresión cortado y en frase en gradación es mucho más claro, que las complejidades sintácticas, que a veces en ciertas lenguas —griego, latín, sánscrito—, llegan al paroxismo, aunque son preciosos monumentos de arquitectura verbal.

4. Conviene agregar algunas observaciones sumarias acerca del estilo. No me refiero al propiamente literario, que varía con los géneros y autores, sino al general de la lengua, que influye necesariamente en la expresión.

Pueden señalarse como hechos más precisos y comunes:

1. La expresión tiende siempre a la imagen. Aunque la lengua posee cualidades de precisión abstracta y es de suyo maleable a toda modalidad del pensamiento, hay la tendencia perpetua a dar mejores imágenes que, bajo el símbolo y la metáfora den el concepto. Los ejemplos que vamos a poner en seguida dan la percepción de ello.

2. La expresión mediante un complejo de dos imágenes que se completan y explican una a otra y que dan, en ropaje de metáfora, lo que se intenta decir, Vgr.: para expresar "guerra", se usan dos términos conjugados: *in mitl in chimalli*, literalmente: "la flecha el escudo". Por metonimia se da la imagen de armas defensivas y ofensivas, de cuya expresión brota el concepto de la lucha. "Escritura" o medio de representación de objeto, hechos y pensamientos, se expresan mediante dos imágenes: "tinta negra tintura de color": *in tlilli in tlapalli*. De tinta negra y de colores, en especial rojo, se hallan formados los escritos que nos han llegado de la cultura náhuatl. Este sistema de expresión es constante y se halla en la poesía lo mismo que en la prosa. El lenguaje mismo ordinario afecta la expresión en forma dual, que podemos llamar *difrasismo*.

3. Similar al anterior es el medio de repetición de un mismo pensamiento variando los términos, o las formas ver-

bales sencillamente. Es lo que llamamos *paralelismo de frases*. Damos un ejemplo solamente, traducido para no recargar de textos extraños la exposición:

Para explicar cómo el dios tiene al hombre en su poder se usa el de estas frases:

"En el centro de su palma nos tiene colocados; nos hace rodar, rodamos nosotros, nos hacemos bola. Nos arroja de un lado a otro por diversos rumbos. Somos objeto de risa: se burla de nosotros." *(Sahagún, Lib. VI., cap. 10.)*

Esta modalidad estilística hace que en muchos casos quede oscuro el pensamiento, por la variedad de sentidos que puede darse a la expresión y aun en otros pueda tener varias significaciones complejas. La consecuencia de ello es que debe tenerse esmero en la interpretación de los textos, no asimilando su forma de expresión a los moldes occidentales.

6. *Trasmisión de los textos.* Una de las cuestiones que deben tenerse resueltas es la de la conservación y trasmisión de los textos literarios. La más cercana a nosotros no ofrece dificultad: los primitivos investigadores recogieron directamente de labios de los nativos las piezas literarias y las dejaron cautivadas en el alfabeto que usaban para escribir el castellano. Esta trasmisión escrita es auténtica ciertamente. La naturaleza misma de los textos, a veces no entendidos por los mismos que los recopilaron, hace ver que están lejos de ser una ficción, una falsificación o una composición propia de los colectores.

La principal cuestión es la trasmisión anterior a la fijación por el alfabeto. Esta se hacía de dos maneras:

A. *Trasmisión oral*

Los institutos educativos perfectamente comprobados en sus existencias y bien descritos por los primitivos observadores, que alcanzaron a verlos en funciones, se fundaban en una trasmisión puramente de repetición de los maestros a los discípulos, hasta hacer que se fijaran en la memoria de éstos. El tesoro literario se trasmite de memoria a memoria, mediante la palabra repetida y con algunas ayudas mnemotécnicas fijada firmemente.[9] Así se trasmiten poemas, recitados, relatos, discursos, etc.

B. *Trasmisión escrita prehispánica*

Existe una manera de escritura que debemos describir brevemente. Más que una escritura en forma, entendido el término en su connotación de hoy, es un sistema de expresión de conceptos mediante símbolos y como ayudas y sugerencias a la memoria.

Los elementos de esta escritura son:

i (Representación del objeto mismo: una casa dibujada imagen de una casa real.

ii (Representación simbólica, fundada en las relaciones reales de las cosas: una casa ardiendo, símbolo de una ciudad conquistada; una flecha y un escudo, símbolo de la guerra. En el primer caso, resultado; en el segundo, instrumentos de la guerra.

iii (Representación netamente simbólica, sin otro nexo que el de la sugerencia: una voluta que sale de la boca, sím-

[9] No hay un estudio exhaustivo de lo que fue la educación en el México prehispánico. Las fuentes de información son principalmente los informes de Sahagún, las obras de Ixtlilxóchitl, etc. Con datos de estos y otros autores es fácil reconstruir con bastante exactitud los métodos de enseñanza de los mexicanos antiguos.

bolo de la palabra; una voluta adornada de flores, símbolo del canto, etc.

iv (Representación de un objeto cuyo nombre está expresado con los sonidos que quieren expresarse: una bandera —*pantli*—, por la sílaba *pan,* cuyo sentido en los topónimos es "sobre". Una dentadura —*tlantli*— por la sílaba *tlan,* cuyo sentido es en los topónimos "junto". Este modo iba siendo refinado al grado de tender a crear un alfabeto: la A como resultado de la inicial de *atl,* "agua"; la O como resultado de la inicial de *otli,* "camino", etc.

Debemos advertir que la documentación primitiva ha llegado a nosotros muy escasa y no ha sido sistemáticamente estudiada. Igualmente, hay que notar que la clave de la significación de muchos signos se ha perdido. Con los restos que nos quedan podemos, sin embargo, conjeturar con buen fundamento que el mismo sistema de escritura iba en vías de convertirse en un coherente medio de representación de todo y aun de llegar al sistema alfabético. No es inútil recordar que es la misma procedura la que se usó en el sistema jeroglífico egipcio.[10]

Por los testimonios de los primitivos investigadores sabemos que en este modo de representación se había llegado a dar la noticia y aun textos de cosas ideales, de lo cual no tenemos un solo ejemplo superviviente y no es posible juzgar de su naturaleza.[11]

Este medio de trasmisión gráfica servía de grande ayuda a los que por la repetición continua y constante de los textos grababan en la memoria de sus discípulos todo contenido tanto histórico, como moral o poético.

[10] Puede citarse como definitivo acerca de este tema de la escritura egipcia el libro siguiente: *Egyptian Grammar* de A. Gardiner, Londres, 1950.

[11] Tampoco tenemos acerca de la escritura prehispánica en el México central nada completo. Hay muchos trabajos parciales, de los cuales citaré los más importantes en la *Bibliografía.*

7. Podemos estar seguros del conocimiento directo y cierto de la antigua producción literaria del México de habla náhuatl. Hay mucha mayor firmeza de conocimientos que la que se pudo tener en otros campos de la cultura: egipcia, asiria, babilónica, etc., hasta la plena desciframiento de sus sistemas de escritura. Acaso esté reservado al futuro lograr una plena interpretación de los glifos mayas que puedan dar clave para conocer la procedencia de muchas ideas, modos de emoción, etc., dado que, en el fondo, todas las ramas de la cultura de la América Media son de una fuente común.

Entre tanto, el estudio de las fuentes manuscritas en la lengua náhuatl que poseemos nos sirven de base para una indagación que nos dará la visión de sus producciones en el orden del pensamiento expresado mediante la palabra revestida de galas imaginativas y preñada de emoción: tal producción es la que llamamos literaria.

8. *División de este tratado.* Dividimos en dos Partes toda esta serie de noticias y reflexiones sobre el fenómeno literario náhuatl. En la Primera estudiamos la producción poética, encerrando bajo este nombre los poemas de carácter lírico, generalmente acompañados del canto y la danza; los recitados históricos, o legendarios, en que se rememoran hechos y los vestigios de representación teatral que nos ha sido posible examinar.

En la Segunda Parte resumimos datos acerca de la producción de carácter histórico, didáctico y de tendencias imaginativas, pero no revestidas de la exaltación poética. Es lo que podremos llamar producción en prosa, aunque la designación no sea del todo exacta, pues a veces lo poético carece de metro y lo didáctico o histórico está sometido a un ritmo y medida de carácter similar al verso. La comodidad de expresión nos hace seguir esta inexacta determinación.

El período que abarcamos está limitado por el año 1430, como inicial, y el 1521, como final. En cada caso trataremos de fijar la fecha de los diversos documentos literarios que examinamos, si es posible.

PRIMERA PARTE

PRODUCCION POETICA

Lírica   Épica   Dramática

Capítulo Primero

NOCIONES GENERALES

9. *La producción poética.* En todas las literaturas es difícil distinguir la prosa de la poesía. Sin intentar detenernos en un tema que desborda el tratado presente, podemos fijar ciertos caracteres que ayudan a la división de los modos de expresión.

La *mayor exaltación emotiva* es uno de ellos. Se dicen con mayor vehemencia los pensamientos, las acciones y reacciones del alma.

Mayor *abundancia de formas figuradas,* como son metáforas, metonimias, símiles, comparaciones, etc.

Ciertos *procedimientos estilísticos,* que sin ser en absoluto exclusivos de la expresión poética, abundan más en ella.

La *medida rítmica o verso,* que suele ser el carácter más destacado para esta distinción.

De estos caracteres merecen alguna atención los dos últimos, por ser de obvia comprensión los anteriores.

10. *Caracteres estilísticos.* Hallamos en la producción poemática náhuatl los siguientes:

i) *Difrasismo,* o sea la expresión de un concepto mediante dos términos más o menos sinonímicos. Frases similares a las nuestras "sin ton ni son", "a tontas y locas", son la normal expresión del lenguaje elevado en náhuatl, pero tienen sus plenos dominios en la producción poética.

Vgr. el breve poema siguiente hallamos dos ejemplos de esta repetición de conceptos, que en algunas ocasiones son más de dos, como se ve en los primeros versos:

> Estoy ebrio, lloro, sufro,
> sé, digo, pienso:
> Que yo nunca muera, que yo nunca perezca.
> Que allá donde no hay muerte, allá donde se vence
> allá vaya yo...!
> Que yo nunca muera, que yo nunca perezca.[1]

ii) *Paralelismo*. Procedimiento similar, aunque diferente, que consiste en repetir el mismo pensamiento en una frase completa, en alguna forma complementaria de la anterior, casi siempre por semejanza y rara vez por antítesis. Es procedimiento muy común a literaturas antiguas. He aquí algunos ejemplos:

> Las flores de la guerra abren sus corolas,
> las flores del escudo en mi mano están...[2]
> La aurora en los cielos se levanta,
> el canto de mil aves allí suena:[3]
> En la casa de los escudos, en la casa de los dardos,
> se tiende el estrado de los Aguilas,
> en el sitio del estrado de los Tigres.[4]

Como se advierte en el ejemplo último, se combinan ambos modos de expresión, el difrasismo y el paralelismo.

iii) *Estribillo*. Cada etapa del pensamiento poemático se cierra con la repetición de un mismo complejo de imágenes. Esto es generalmente dos veces, aunque por excepción es en mayor número.

[1] Cantares Mexicanos, Ms. de la Biblioteca, f. 14 V.
[2] Ib. f. 21 R.
[3] Ib. f. 65 R.
[4] Ib. f. 21 R.

PANORAMA LITERARIO DE LOS PUEBLOS NAHUAS

Ejemplos:

Ha acabado nuestra muerte,
se nos ha dicho a los hombres de la llanura.
De ahí nuestra fama sale:
sólo a nosotros se debe que sea dichoso el autor de la vida.
Frente a la montaña del escudo
es festejado el dios.
La Tierra hace corcovos,
se retuerce: hay lluvia de dardos,
el humo se tiende y sube.
Frente a la montaña del escudo
es festejado el dios.[5]
Al buen tiempo vinimos a vivir,
vinimos a vivir en primavera:
breve tiempo, oh amigos!
Si es tan corta así, haya en ella vida!
Sólo ahora se gozan nuestros corazones:
a nuestra vista están nuestras bellas palabras,
oh amigos, por esto lloro:
Si es tan corta así, haya en ella vida![6]
¿A dónde iremos donde no haya muerte?
Por esto llora así mi corazón.
Ten esfuerzo: nadie vivirá en esta tierra.
Aun si son hijos de príncipes, a morir vinieron:
Fue la destrucción: así mi corazón.
Ten esfuerzo: nadie vivirá en este tierra.[7]

Son suficientes estos ejemplos para dar la noción de lo que significa en esta manera de poesía los paralelos. Podrían agregarse aún algunos procedimientos especiales

[5] Ib. f. 25 V.
[6] Ib. f. 69 V.
[7] Ib. f. 70 R.

como son la repetición de un mismo concepto, con instancia, como para enlazar la idea en el conjunto poemático, la prolija explosión de sinónimos, etc. He preferido dar lo más constante y esencial, dejando para tratados particulares los datos y elementos que pueden ser de utilidad, pero no tan urgente como los anteriores.

Rara vez se halla un poema que no tenga esta característica. En tal caso, podemos pensar en una versión de otra lengua e infiltración de otra literatura. Los casos abundantes en el Ms. de los Cantares exigen consideración aparte.

11. *Medida del ritmo.* El canto está condicionado en este género de poesía por el baile. Como acontece en las literaturas primitivas, nunca eran compuestos estos poemas para la recitación, ni menos para la lectura, como en las literaturas modernas. Música, canto y danza iban normalmente unidos. La medida de la frase sigue la de la música y la de ésta va en pos de los pasos de baile. De este fenómeno cultural innegable nace la variedad de metros en la poesía. Notaremos solamente los elementos más constantes.

Ya en los relatos históricos hallamos insertos complejos verbales que al más romo oído suenan como frases sometidas a medida.

Hallamos, por ejemplo, recogido por Tezozómoc,[8] el primer proloquio de Huitzilopochtli a los mexicanos en cierta estancia: "Luego les comenzó un cantar que dice: Cuicoyan nohuan mitotia: 'En el lugar del canto conmigo danzan'." La frase es rítmica ciertamente y si damos el acento propio de la lengua, en que la generalidad de los vocablos son graves, tenemos la medida regida por el acento triple: Cuicóyan nóhuan mitotía. La serie que sigue y que el autor da en

[8] Crónica Mexicana, cap. 2.

castellano, podría restituirse al náhuatl ajustada a este padrón de ritmo.[9]

Similar hecho hallamos en Muñoz Camargo,[10] que da esta nueva muestra: Oncan tonaz oncan tlathuiz // Oncan yezque ayamo nican.

El examen cuidadoso de los textos nos descubre largas series en que hallamos bien conservada la medida. De estas daré una sola inserción para no hacer molesta la multiplicación de citas en lengua extraña:

Xom pehua xon cuica ticuicanitl Huiya
ma temaco xochitl ma ica on ahuielo
ma on netlamachtilo ya in tlalticpac Ohuaya.
Zan monecuiltonol ticuicanitl Huiya
Zan tic ya maceuh xochitl zan tic ya ittac in cuicatl
tic temaca ye nican xochimecatl in
mocamacpa quizticac tonteahuiltia in ma ya ica
on netlamachtilo tlalticpac Ohuaya.[11]

Daré la versión del texto anterior, cuya sonoridad se advierte regular y sujeta a medida.

"Comienza, canta: eres cantor.
Repártanse flores, con ellas haya placer.
Haya dicha en la tierra.

Es tu sola riqueza: eres cantor:
has merecido flores, has visto cantos.

Tú das aquí sartales de flores:
de tu boca están saliendo: deleitas a los hombres: con ellos
[haya dicha en la tierra."

---

[9] "Nic ehua nocuic cuitlaxoteyotl tecuilhuicuicatl".
[10] *Hist. de Tlaxcala,* Ed. Chavero, 1892, p. 32. El texto dice: "Allá habrá sol, allá amanecerá, allá estarán, aquí aun no."
[11] Este poema se halla en dos partes del Ms. de la Biblioteca. Cant. Mex. ff. 64 V y 68 R, con ligeras variantes.

Como estas series de versos podrían darse muchas. No es posible otra cosa que estas muestras, suficientes a mi juicio, para hacer ver la existencia del metro en los poemas que estudiamos.[12]

En otro género de poemas, como son los de carácter histórico o legendario, se hallan medidas más amplias que pueden remotamente asimilarse a los grandes versos de las epopeyas indostánicas o griegas. Al tratar de las composiciones épicas haremos una nota sobre este modo de ritmo heroico.

Fuera del metro podrían señalarse algunos recursos de ayuda a la memoria y de adorno en la parte netamente verbal, como son repeticiones de un mismo sonido, similicadencias, rimas, perfectas o imperfectas, etc. Pero fuera de ser de menor abundancia, son también menos dignos de consideración.

12. *Caracteres ideales.* Mayor importancia tiene la consideración de los que podremos llamar, en obvio servicio a la claridad, caracteres de orden ideal. En resumen creo poder señalar los siguientes:

1. Es una poesía colectiva y no individual. Es decir, que aunque la composición es naturalmente producto de una persona, y en muchos casos podemos señalar el autor, una vez dada al pueblo cae en su dominio. Es de la colectividad que la canta, la repite y muchas veces modifica levemente su contenido o su forma. No tendremos dificultad en admitir este modo de expresión, si pensamos que perdura en los llamados "Corridos" que el pueblo hace suyos.

2. Es una poesía, aun en los que parecieran más alejados de la noción religiosa, que impregna sus poemas de un sentido de elevación a la deidad. No hay propiamente poemas netamente profanos. Este hecho puede explicarse porque no fueron recogidos, pero hay vehementes indicios de que en

---

[12] Vid. mi *Historia de la Lit. Náhuatl,* I, 60-64.

realidad lo que existió fue solamente la poesía que celebraba a los dioses, o trataba los temas humanos, siempre bajo la mirada de los dioses.

3. Esta doble calidad de la poesía náhuatl hace que tengamos el mejor testimonio del alma colectiva. Los sentimientos, ideas, emociones y tendencias del pueblo se hallan atestiguados en ella. Y aunque estas consideraciones han de extenderse a los Discursos de la formación en el Calmécac, de que a su tiempo deberá hablarse, tiene especial valimiento en tratándose de los poemas, como más refinados y mejor compuestos.

4. La tendencia a la brevedad en la expresión. Decir poco en breves poemas, pero eso poco de trascendencia. Se explica que estos poemas sean el mejor venero para el conocimiento de las ideas filosóficas en que se expresa la comprensión de la vida humana y sus múltiples problemas.[13]

5. Una cultura cerrada, como fue aquella, naturalmente debía agotar muy pronto los recursos de comparación imaginativa. No halla otros términos de comparación para lo bello que las flores, las plumas ricas, las piedras preciosas. La misma monotonía de las imágenes es un rasgo que ayuda a la determinación de la autenticidad. Fuera de que pudo haber ciertas normas de limitación a los temas y a los términos de comparación, hay ciertamente escasez de elementos de imaginación que renueven aquella poesía. Por falta de renovación iba muriendo cuando sobrevino la Conquista.

6. Con todas estas limitaciones, la poesía náhuatl tiene derecho a ser catalogada entre las tentativas de la humanidad a sobrevivir. Hay acentos humanos indudables y la visión de lo trascendente en la voz de los poetas mexicanos tiene un misterioso sentido de universalidad.

[13] Para las ideas filosóficas del pueblo que hablaba náhuatl, ver el espléndido estudio de León Portilla, *La Filosofía Náhuatl*, México, 1956.

Capítulo Segundo

POESIA LIRICA

13. *Definiciones*. Por comodidad de expresión y sin prejuicio de asimilar a géneros extraños los de la poesía náhuatl, daré antes algunas definiciones admitidas comúnmente.

El poeta puede cantar los grandes hechos comunes a todo su pueblo, raza o nación. Es como una historia dorada con las luces de la fantasía, y en su expresión halla el oyente o el lector cuadros objetivos de los hechos, de las personas, de las cosas, más bien que comentarios de ellos y resonancia de los efectos que en el poeta han causado. Difiere de la historia propiamente dicha en que no se atiende a consignar los hechos tal como fueron, sino que les agrega creaciones de su propia imaginación. Es la poesía que llamamos *objetiva*, o *épica*. Es generalmente la más antigua en todas las literaturas.

Canta el poeta las realidades, pero tal como las siente, juzga y considera él mismo en su propia tónica de sensibilidad. La expresión es más de lo que él ha pensado, sentido y analizado, que de lo que las cosas son en sí mismas. Esta manera de poesía se llama por lo general *subjetiva*, o *lírica*.

Introduce el poeta a los personajes de su relato y los hace hablar imitando su actividad en la vida. Crea un mundo ficticio encarnado en la acción de las personas y, si expresa él mismo sus propios sentimientos, lo hace por boca de ellas.

Esta manera de expresión poética se puede llamar mixta de objetividad y subjetivismo. Es la que imita la vida más de cerca, pone la acción enfrente del oyente o del lector. Es la que llamamos *dramática*.[14]

Iniciaremos nuestra exposición tratando el segundo género aquí señalado. Los poemas en que se halla la expresión de la mente, ideas y sentimientos del poeta, que no es sino un portavoz de la comunidad.

En la poesía lírica podemos distinguir estos elementos constitutivos: Temas que se tratan; Imágenes que se utilizan para la expresión de ideas y sentimientos; Procedimientos que recurren con frecuencia y que son como modalidades técnicas del poeta. Para no hacer demasiada la división de elementos, podemos limitarnos a estos en nuestra exposición general. Los nombres usuales que se dan a cada modalidad de constitución son: *temática, esquemática y técnica poética*. Para abreviar nos serviremos de esta terminología.

14. *Temática de la lírica.* Los poetas nahuas tratan estos temas:

1. *Religioso*. Aunque, como se ha dicho arriba, la poesía náhuatl está impregnada de sentido religioso en su generalidad, hay bastantes poemas que son de dirección total hacia la expresión de adoración, de ruego, de celebración de los númenes. Los Himnos recogidos por Sahagún en Tepepulco, al principio de su indagación, son los más conocidos, aunque no los únicos y acaso no los más interesantes. En el Ms. de los Cantares Mexicanos y en otros documentos halla-

---

[14] Estos nombres son de origen griego, y corren en todo el Occidente.
Epos, "dicho, relato"
Lyra, "lira", instrumento de canto y baile.
Drao, "Obrar, poner en efecto".
Es claro que son términos convencionales, pero no hay medio de desecharlos.

mos ejemplos representativos. Como no es posible convertir este estudio en antología, seré parco en las citas, eligiendo poemas breves.

El canto al nacimiento de Huitzilopochtli:

Sobre su escudo, de vientre pleno, fue dado a luz el gran
[Guerrero.
En la montaña de la serpiente es capitán,
junto a la montaña se pone su rodela corta a guisa de más-
[cara.
¡Nadie a la verdad se muestra tan viril como éste!
La tierra va estremeciéndose traviesa.
¿Quién se pone su rodela corta a guisa de máscara?[15]

El carácter simbólico y de sentido esotérico hace poco clara la inteligencia, pero el acento de entusiasmo se advierte, aun en la penumbra. La historia, o el mito de este nacimiento, que es el nacimiento del sol, se halla en un fragmento épico que hemos de analizar abajo.

La religión primitiva de estos territorios fue la de la agricultura y se cristalizó en la adoración del "dios terrenal", es decir, el numen de la tierra, más bien inmanente que trascendente a ella. Tláloc, que bajo la norma ideológica se parte en cuatro *tlaloque,* correspondientes a los cuatro rumbos del universo, tuvo sus mejores poemas. Guardamos en los testimonios bastantes muestras. Como no me es posible trasladar aquí por sus dimensiones ninguno de ellos, doy en la nota los lugares en que puede el lector leer algunos de estos poemas dedicados al dios de la lluvia y de la vida.[16]

Algunas veces estos poemas religiosos están constituidos por una serie de estrofas que debieron ser más que las que

---

[15] Ms. de los informes de Sahagún, en la Bib. del Palacio Real de Madrid, F. 276 R. Ed. de Del Paso, p. 53 del 6-B.
[16] Vid. mi *Hist. de la Lit. Náhuatl,* I, 137-144.

se nos han conservado. La repetición constante de los bailes sagrados, venciendo a la monotonía de sus cantos y movimientos, exigía la variación de estrofas.

Otra modalidad de poesía religiosa, y de las más importantes, es la de la expresión personal ante el enigma divino. Abundan en el Ms. de los Cantares hechos suficientes para hacer toda una exposición de estas efusiones que piden mayor estudio. En la imposibilidad de dar siquiera un poema, por su longitud, indicaré las pp. 145 a 150 de mi *Primer tomo de la Lit. Náhuatl*.

II. *Guerrero* o *heroico*. Podemos dividirlo en dos fases: en una se clasifican los poemas que celebran la mística de la guerra y que vienen a ser al fin de carácter religioso. Son numerosos en el repertorio que se guarda en la Biblioteca. Va éste como única muestra:

> Soy desdichado, estoy llorando.
> ¡Felices los que se sienten desolados!
> Las flores del escudo son levantadas por el viento.
> ¡Ay, quiere verlas mi corazón!
> Nada como la muerte en guerra,
> nada como la muerte florida.
> Viene a estimarla el autor de la vida.
> ¡Ay, quiere verla mi corazón![17]

Dentro de este ámbito hallamos la celebración de los héroes en general, mencionados por sus nombres, y reunidos en una misma conmemoración. La forma, en apariencia incoherente, para nuestra manera de lógica occidental, hace que requieran notas y largas explicaciones para ser captados en su integridad. La misma ciudad de Tenochtitlan en que se hace el culto del sol está incorporada a la celebración. Voy

---

[17] Cant. Mex. f. 6 R y V.

a insertar aquí un poema un poco largo, que dará suficiente idea de la manera de poemas heroicos. Se halla en la F 65 R del Ms. de Cantares Mexicanos, con el título de "Canto de Guerra. Canto de Motecuzoma". Lo cual no ha de entenderse como si el autor fuera este rey, sino que está dedicado a él. Por los indicios del poema mismo podemos situar su composición en las cercanías del año 1495.

Dentro del cielo fuiste creado, oh Motecuzoma:
Imperas en México Tenochtitlan.
Es aquí el sitio donde perecen los Aguilas,
casa de joyas: brilla como el sol.
Esta es la casa de nuestro padre!
Allí a vivir habéis llegado.
De tal modo en breve tiempo en el campo de batalla
se viene a enlazar el Orden de Aguilas, la nobleza:
en mano de Ixtlilcucháhuac y Matlalcueye.

De tal modo adquiere gloria y renombre la nobleza.
Se extiende el polvo, amarillece.

Esforzaos, oh amigos,
oh vosotros, nuestros agasajados:
Allí, allí en donde se adquiere el principado,
y se merecen las flores de la muerte.

Vive vuestro renombre y vuestra gloria,
oh caudillo, tú príncipe Tlacahuepan, tú Ixtlilcucháhuac:
con muerte de guerra os habéis ido,
os habéis hecho dignos de ella.

La aurora en los cielos se levanta:
el canto de mil aves allí resuena:
van como preciosas guacamayas,
van como dorados azulejos.

Dignos fuisteis de la tiza y la pluma:
habéis sido amortajados después de beber el licor florido,

oh mi rey Motecuzoma:
van como preciosas guacamayas,
van como dorados azulejos.

Este ejemplo nos ayuda, más que largas disertaciones, a percibir el carácter y estilo de estos poemas. Hay casos en que se canta directamente a un héroe famoso. Tal es el de uno que ha sido mencionado en el poema anterior. Tlacahuepan, pariente de Motecuzoma, hermano suyo según las fuentes más seguras, primogénito de Axayácalt [18] muere en Atlixco entre 1494 y 1496. Lo cantan en abundantes poemas fúnebres, celebran su grandeza y su valor. Estos cantos nos dan ocasión de asomarnos a la sociedad antigua y a la mente y sentimiento de los poetas aztecas.[19]

Entre los poemas recogidos en Huexotzinco y en Chalco, regiones que al parecer dieron especial atención a la poesía en honor de los caudillos antiguos, hallamos cantos a la memoria de uno, o de varios en una sola concordia. Doy en el *Primer Tomo de mi Historia,* pp. 224 y s. un fragmento del poema de Chalco que celebra a los diversos caudillos de la antigua época y nos da, en medio de bizarras imágenes, la emoción de los que cantaban a los forjadores de la nación en cierne.

Como fragmento podrán hallarse en el Ms. muchos poemas, ya breves, ya un poco largos y artificiosos, como el de un príncipe que canta recordando a los antiguos príncipes.[20]

---

[18] Vid. Tezozómoc, *Crónica Mexicáyotl,* hecha a base de genealogías de la casa real de México. El autor tuvo a su disposición los documentos de la familia.

[19] Vid. mi estudio *Romances de la Muerte* en Las Letras Patrias, n. 2, pp. 5-22.

[20] Cant. Mex. f. 4 V. Vers. en *Poesía Indígena,* 2 ed. p. 75.

15. *Tema filosófico* llamaré a aquel en que se entreven los problemas de la existencia, que se ofrecen a todo hombre y a todo grupo necesariamente. El porqué de la vida, la fugacidad y quebradiza realidad de la misma. La muerte, misteriosa siempre, aun para quienes, como los antiguos mexicanos, creen tener resuelto su enigma en la supervivencia en alguno de los ámbitos del más allá. El momento que pasa veloz y que hay que atrapar con ansia y gozar con el canto. Estas y otras similares cuestiones se ofrecen a los poetas en la producción que conocemos y, aun dentro de la monotonía de una cultura cerrada a temas del exterior, presentan alguna variedad.

Aquí las citas fueran interminables y no para un trabajo de la índole presente que trata de ofrecer una visión de conjunto. Al azar daremos ejemplos, cuya brevedad misma hace fácil entreverar a las leves reflexiones que haremos.

De una colección agregada a los diversos codicilios que señalan la región de los poemas, tomo éste que tiene aire de proceder de la zona de Chalco. Su técnica sencilla y la mínima expresión del pensamiento ayudan a conocer la manera de esta poesía:

> Un canto oyó mi corazón
> Lloro, soy infeliz con las flores.
> Hemos de dejarlas aquí en la tierra:
> Sólo las tenemos en préstamo: tenemos que ir a Su casa.
> ¡Hágame yo un collar con variadas flores:
> estén en mi mano; sean mi guirnalda.
> Hemos de dejarlas aquí en la tierra:
> Sólo las tenemos en préstamo: tenemos que ir a Su casa.[21]

La simplicidad del pensamiento se reduce a la vulgar idea de que aunque la belleza atrae al hombre, es pasajera

---

[21] Cant. Mex. f. 69 R.

y no se tiene en dominio. Lo más amado tiene que dejarse, porque la ley es de ir a la Casa del Sol. La obsesión del estribillo, repitiendo el mismo tema hace que se clave en la mente el pensamiento fundamental.

En la misma serie hallamos otro poema, acaso respuesta al anterior, como es común en estas recopilaciones. Nos acabará de dar idea de la contextura y de la técnica de los sentimientos:

¡Que nadie esté triste, oh amigos míos:
¡De nadie puede ser casa la tierra! ¡Nadie quedará en ella!
Plumajes de quetzal se rasgan,
pinturas se van destruyendo,
flores se marchitan:
Todo se va allá a la Casa del Sol.
Sólo andan ebrios por breve instante a tu lado,
oh tú por quien todo vive.
Vienen a conocerse en la tierra. ¡Nadie quedará en ella!
Plumajes de quetzal se rasgan,
pinturas se van destruyendo,
flores se marchitan:
Todo se va allá a la Casa del Sol.[22]

La tierra es solamente un pasaje en que se conocen los hombres unos a otros. No hay casa permanente para ella en que alguien quede. Las más ricas, las más bellas cosas pasan y todo marcha al secreto dominio del numen a su casa, anhelada y desconocida. ¿Qué se logra, entonces, con dejar que la tristeza domine? Hay que acatar la ley inexorable.

Mínima, si se quiere, pero netamente filosófica es esta consideración de las cosas humanas.

Abundan poemas de esta calidad, ajustados casi siempre a la forma que queda insinuada con estos dos ejemplos. La

[22] Ib. f. 69 V.

limitación del espacio es una exigencia que no puede rebasarse, porque otras fases nos urgen el conocimiento.

16. *Tema personal.* La lírica es eminentemente individualista. Aun en una cultura de carácter social y colectivo, como era la de los antiguos nahuas, el hombre intenta dar algo de sí mismo. Los poemas que se nos han conservado tienden a la expresión de los pensamientos generales, pero alguna vez el individuo habla de su yo personal. Especial atención merecieran estas manifestaciones. Nos limitaremos a dar ejemplos de ella y a hacer notar su índole.

Elogios de un poeta a otro poeta son abundantes en esta colección.

También de Chalco proviene esta lisonjera poesía en que un poeta habla a otro:

> Tus cantos reúno: como esmeraldas los ensarto:
> hago con ellos un collar: el oro de las cuentas está duro:
> adórnate con ellas.
> ¡En la tierra es tu riqueza única!
> Se emparejan las plumas de quetzal
> y erguidas están hacia arriba
> las de verdinegro y rojo color:
> con ellas tú pintas tu atabal.
> ¡En la tierra es tu riqueza única![23]

"Esmeraldas y plumas finas"... la eterna comparación. El poeta admirador reúne aquéllas y las da al poeta admirado para que con ellas se engalane. El mismo poeta alabado con sus plumas adorna el tambor. O sea, en términos modernos: "Nada puede alabarte dignamente sino los poemas mismos que tú forjas." Delicadeza y sutil ingenio no pueden

[23] Ib. f. 34 V.

negarse. Una buena antología de estos "elogios" podría recogerse.

Alaba su canto propio el poeta. Es otra modalidad de esta poesía individualista. Por ejemplo, para hacer valer sus poemas dice un poeta de la región central y probablemente de Tezcoco:

> Labro esmeraldas, oro moldeo: es mi canto.
> Engasto esmeraldas: es mi canto.[24]

Con présaga visión el poeta trata de hendir el futuro. Dice un poeta de Huexotzinco esta efusión de sus sentimientos en una forma general que es el carácter más noble de una poesía verdaderamente humana: para todos comprensible:

> ¡Dese prisa, quiéralo mi corazón:
> sólo flores de escudo, las flores del sol.
> ¿Qué hará mi corazón?
> ¿En vano hemos venido, pasamos por la tierra?
> ¡De este modo me iré: una a una las flores fueron pere-
> [ciendo!
> ¿Nada será mi nombre alguna vez?
> ¿Nada será mi fama en la tierra?
> ¡Que al menos flores, que al menos cantos!
> ¿Qué hará mi corazón?
> ¿En vano hemos venido, pasamos por la tierra?[25]

Se va avizorando la emoción personalista y surge de la interior morada. Pocas veces hallamos estas modalidades. El poeta en vano trata de sustraerse a dos pesadumbres que lo abruman: de una parte, el misterio cósmico que se hace

---
[24] Ib. f. 23 R.
[25] Ib. f. 10 R.

vital en el Sol, numen de dominio irrecusable. De otra parte, el totalitarismo de la vida social que gravita sobre cada persona, caída bajo el peso de la comunidad desde que nace hasta que muere. Con nuestro exagerado individualismo es muy difícil que podamos captar lo que valió para los poetas hacer esta expresión de su propia personalidad y más para los recopiladores de estos cantos el no haber eliminado lo que parecía romper la barrera. Meditando en esta realidad, pensamos que debió haber mucho de neta calidad lírica, pero pereció por el desdén de los que se empeñaban en forjar al hombre en los rígidos moldes comunitarios.

Es tiempo de resumir lo referente a los temas. Religión, patria, guerra, canto y muerte. Acá o allá, perdido en la vaga penumbra, un canto que sale del alma y un grito de cada corazón que quiere ser él mismo, aunque no lo logra.

17. *Esquemática.* En todo género literario, de cualquier época y de cualquier cultura, hallamos una constante recurrencia de las mismas imágenes que sirven de vehículo para la expresión poética. Esta misma particularidad debemos examinar en la poesía náhuatl.

Tres son fundamentalmente las bases de comparación en los poemas líricos: las flores, las aves de precioso plumaje y las piedras preciosas. Un escasísimo porcentaje de elementos ajenos a éstos podrán señalarse en un estudio exhaustivo de todos los poemas conocidos.

Las flores son para un pueblo eminentemente colorista y delicado, a pesar de las leyendas en contra, constante término de comparación en los cantos líricos y aun en los que no lo son. En los ejemplos aducidos hasta este momento podrá el lector hallar comprobaciones. Voy a dar algunas otras, que servirán para la comprensión del tema propuesto.

pero que en manera alguna son las que podrían darse en totalidad.

Alguna vez son las flores en general: como en el hermoso canto de la región de Chalco, que hay que citar siempre:

Macollan las flores, están rozagantes, echan sus botones,
abren sus corolas:
de tu interior salen los cantos floridos:
sobre otros los derramas, los esparces: ¡eres cantor![26]

Los cantos, los poemas, son como las flores: lentamente se van produciendo, hasta que al fin se prodigan sobre los demás.

Otras veces, muchas en realidad, se hallan flores determinadas y específicas que son términos de la comparación. Tal como en la poesía española, y en otras europeas, son perpetua imagen de los poetas la "rosa", el "lirio" o el "jazmín" y la "violeta", en los poetas de Anáhuac hallamos determinadas el ixquixochitl, el yexochitl, el tlapalizquixochitl, el tonacaxochitl: flores todas ellas, o rojas, o bien olientes.[27]

También es de la región chalca este poema en que el cantor inicia su canto:

De *xiloxochitl* se engalana mi canto:
es *izquixochitl* donde el Arbol está erguido,
con olor mixturado de *cacahuaxochitl* baila junto al tambor.[28]

---

[26] Ib. f. 33 V.
[27] La identificación científica de estas plantas es probablemente la siguiente:
Izquixochitl, *Beureria huanita*.
Yexochitl, ¿
Tlapalizquixochitl, *Beureria sp*.
Tonacaxochitl, ?
[28] Cant. Mex. f. 34 V.

No fácil labor es la de identificar estas flores con las conocidas y mayor es la de hallar la razón de las comparaciones, si acaso en los poemas hay que buscar razones.

Las *aves* son otro de los puntos de convergencia de muchas imágenes de los poetas. A veces por su canto de bella suavidad, a veces —las más—, por la brillante policromía de su plumaje. Hay en esta zona una repetición casi hierática. Siempre son el quetzal, el tzinizcan, el quechol, el xiuhquéchol, el zácuan. Muy rara es la ocasión en que hallamos otra ave. La razón es múltiple: algunos de estos misteriosos pájaros son reputados como los que han de recibir el alma de los guerreros del Sol en mística transmigración: en los poemas sacros, o en los que tienen aire hierático, tenemos como símbolo y encarnación de las almas a los quécholes, a los quetzales, y en la versión nos vemos apurados por dar la exacta expresión, siendo como son aves más míticas que reales. A veces se puede pensar en el flamenco, a veces en la guacamaya, ambos consagrados al Sol por sus rojos matices. Otras veces tenemos que ceder al desconcierto en la identidad y preferimos dar la versión vaga que atiende a los colores, más que a la naturaleza de aquellas aves.

En la poesía europea hallamos también como temas que van y vienen a la "alondra", el "ruiseñor", el "halcón", la "paloma", etc., indicio sólo de que el alma humana es la misma en todos los climas.

Las *piedras preciosas* son el tercer elemento de comparación que recurre en forma constante. "Perlas, diamantes, esmeraldas, rubíes" hallamos en la poesía del otro Continente: en la de nuestro México antiguo hallamos algunas gemas que, valiosas al principio, vinieron a menos más tarde. Son las poesías como los chalchihuites, como las turquesas, como los carbúnculos, si hemos de aceptar las identificaciones que hacen los naturalistas. El color y el brillo son los apoyos para la comparación. Se dan estas gemas a veces como emblema de lo durable y de lo valioso, a veces como símbolo de lo bello. De cuando en cuando se agrega el oro, también como expresión de belleza o de valor. He aquí unas breves muestras:

> Esmeraldas labro, oro fundo para el artefacto:
> es mi canto.
> Engasto esmeraldas:
> es mi canto.[29]
> Con esmeraldas se matiza la ciudad,
> en el monte del Colibrí.
> Nosotros somos collares y somos quetzales.[30]
> Cual si fueran esmeraldas estoy juntando tus cantos:
> así es también la amistad que nos une aquí en la tierra.[31]

No puede negarse que esta continua referencia a objetos idénticos, flores, aves, gemas, es base de monotonía. Menos se puede negar que esta monotonía es criterio para juzgar de la autenticidad de esta poesía. Una sociedad cerrada a influjos exteriores tenía que ir y venir constantemente en torno de los mismos símiles. Para el mexicano de la Altiplanicie no había más paradigma de belleza que las flores, las aves, las gemas, que ni siquiera en su región se producían, sino que le llegaban de las tierras tropicales. Si no halla otros términos a que relacionar la belleza de sus creaciones, es que no los conoce; si no los conoce, es que él mismo los crea. Es una poesía que nadie pudiera haber inventado, ni el misionero, tan ajeno al medio mexicano, ni el soldado, tan ajeno a todo medio de elevación artística.

Rara vez aparecen otros temas de comparación y por ello

---

[29] Cant. Mex. f. 23 R.
[30] Ib. f. 66 R.
[31] Ib. f. 69 R.

son más dignos de tomarse en cuenta. Es que los poetas buscan la eterna seducción del verdadero artista: la originalidad, la renovación y el anhelo de no estar repitiendo lo mismo. Hallamos algunas nuevas imágenes y es de interés catalogarlas. No lo haré aquí ciertamente por inoportuno, pero daré alguna muestra.

He aquí un bello canto de alabanza con nuevas modalidades:

> Canta, cantor, que tienes escudo de luz del sol,
> ten el sentido del dolor.
> Como un arcoiris estimo tus flores:
> con ellas goza mi corazón.[32]

"Escudo de luz solar", "arcoiris" como término comparativo de belleza, no son ciertamente imágenes vulgares y menos en aquella cultura, verdadera fuente sellada y huerto cerrado.

Ninguna literatura, aun de las modernas, desdeñara poemas como el que inserto y que me da la final cita: ya no hallamos en él la monótona expresión de "flores y cantos", comienza a brotar la vida de la persona en su expresión individual:

> Goza junto al atabal,
> vete, si lo quiere tu corazón.
>
> La mariposa, como una flor,
> pasa y repasa entre los hombres.
>
> ¡Chupe nuestras flores,
> nuestros ramos de flores,
> está deleitándose entre nuestros abanicos,
> y nuestras pipas de tabaco,
> está deleitándose junto a los atabales![33]

[32] Ib. f. 24 V.
[33] Ib. f. 35 V.

Este poemita, que es también de región chalquense, da la medida de la hermosura y la comprensión. Una mariposa, incierta de su vida, va y viene en el sitio donde los cantores hacen su concurso. Chupa las flores que en sus manos sostienen y se entrelaza en su vuelo con sus abanicos de pluma de quetzal, entre los cuales ondula lenta y en espirales la nébula de humo de los *acayetes;* si ella se deleita, ¿por qué no el amigo del poeta? Solamente en la delicadeza de los poemas chinos podemos hallar algo semejante.

18. *Técnica poética*. Aunque este tema exige mayor estudio y espacio más amplio, no dejaré de hacer algunas indicaciones. Por ligeras que sean, harán más fácil la comprensión general y nos mostrarán la tendencia organizada para expresarse en fórmulas ajustadas a ciertas reglas, que suponen una larga tradición y mucho tiempo para elaborarlas.

En mi Historia resumí una página de Sahagún, en que los informantes le dan los modos y especies de cantores y aun las formas de poemas que éstos usaban.[34] Algo pueden ayudar a la inteligencia del asunto.

"Cantos de Aguilas, o cantos de guerra", "cantos de flores" y "cantos de desolación o desamparo" nos dan los Mss. como título general. Los primeros tienden a la celebración de la guerra sagrada, de los sacrificios, de los héroes. En los segundos, hallamos las expresiones de la admiración de lo bello, de la procedencia del canto, de la alabanza de poetas y poemas. Se elevan los terceros a la expresión de las cosas que pudieran llamarse filosóficas. Las grandes cuestiones de la vida y de la existencia se reflejan en las que no siempre son expansiones de dolor, sino que a veces, en maravillosa

---

[34] Vid. I, 161 ss.

forma, se hacen ostentación del pensamiento que atisba el misterio del universo.

La técnica propiamente dicha, fuera del verso, de que he hablado con suficiencia arriba, se halla reducida al poema corto. Este que parece ser, al mismo tiempo, germen y flor de toda literatura humana, es la expresión natural de un solo pensamiento encerrado en pocas frases y netamente dicho en su modalidad de ensueño. Los ejemplos hasta aquí ofrecidos serían suficientes para dar la noción clara. Pero agregaré algunas explicaciones más, con sus respectivos textos.

El poema breve, o poema corto, como solemos decir con mayor frecuencia en la poesía náhuatl está constituido por dos tiempos. En el primero se enuncia el pensamiento, en el segundo se completa. Y ambos están enlazados por un ritornelo o estribillo. Esta es norma tan general, que nos sirve tanto para ver la unidad de cada poema, y aun señalar a veces el autor, validos de otros recursos, como para captar el pensamiento en su integridad. Por rareza las estrofas pasan de dos y cuando así no las hallamos en los manuscritos podemos tener la sospecha de que el texto ha sido alternado. Otro tanto cuando falta la parte segunda que habríamos de esperar. Cuando la forma de estrofas terminadas en un mismo ritornelo falta, hay vehemente duda sobre la procedencia primitiva del poema y podemos creer en una versión o aportación de otras regiones. Problemas todos que, como va dicho, solamente pueden buscar solución en un estudio exhaustivo de cada canto y del conjunto general.

Otros casos hay en que la forma de composición se invierte. El ritornelo no está al fin, sino al principio y aun intercalado en medio del desarrollo del pensamiento. No falta, sin embargo, un pensamiento aditicio que viene a ser como la clave y la directiva de la intención del poema. Tan leve resulta el progresivo desarrollo que muchas veces nos parece que es el mismo momento intelectual el que viene a nosotros. Vea el lector este poema que procede de la región de la llamada "triple alianza":

> Comienzo aquí: soy cantor.
> De mi corazón brotan flores:
> con este hermoso canto doy placer al que hace vivir.
> Bailo aquí: soy cantor.
> De mi corazón brotan flores:
> con este hermoso canto doy placer al que hace vivir.[35]

La variante se ha reducido a la primera palabra: "comienzo", "bailo", todo el resto es idéntico en sus frases y aun en sus palabras. Técnica a un tiempo de sencillez suma y de preciosismo calculado.

En cambio, ahora intercalo un poema que debió ser de bastante divulgación, pues lo hallamos doblemente inserto en la colección de poemas de la Biblioteca. Se atribuye a Cuacuauhtzin, sabio de Tlatelolco, que interviene en las cosas de Tenochtitlan y que parece haber vivido por el 1475. Dice una de las partes de su poema:

> Que tu corazón se abra, tu corazón comprenda.
> Tú me odias, tú mi muerte preparas.
> El que estaba aquí habrá desaparecido:
> pero tú, entretanto, por mí llorarás,
> de mí te sentirás huérfano, oh amigo mío.
> ¡Yo me voy, yo soy el que me voy!
> Dice mi corazón: "No vendré otra vez,
> no otra vez pasaré por la vida
> en tiempo oportuno en la tierra.
> ¡Yo me voy, yo soy el que me voy![36]

[35] Cant. Mex. f. 21 R.
[36] Ib. ff. 26 R y 49 V.

La frase de estribillo es breve, en tanto que la parte del desarrollo del pensamiento bastante amplia. El poema, además, nos da ocasión de completar nuestras notas sobre la materia que en estas composiciones hallamos tratadas. La amistad herida y el sentimiento de la venganza con la eterna ausencia se ven aflorar aquí.

Una modalidad más de la técnica está en enclavar el pensamiento entre dos inserciones del estribillo. Un poema que, por breve también daré íntegro, nos lo hace ver. En él veremos también la lógica ilación de los conceptos, que nos hacen percibir cómo no hay inconexión en las ideas:

¡Es verdad... es cierto que nos vamos,
es cierto que dejamos las flores y los cantos y la tierra.
Es verdad... es cierto que nos vamos!
¿Adónde vamos, ay, adónde vamos?
¿Aún vivimos, aún estamos muertos?
¿Aún hay deleite allá, aún se da placer al que hace vivir?
Puesto que solamente en la tierra
son fragantes flores y cantos,
que sean nuestra riqueza, que sean nuestra gala:
con ellas gozaos![37]

Aún cabe mencionar un procedimiento de estilística poética, usado también en otras literaturas antiguas, y que consiste en tomar algunas palabras o complejo de palabras que sirven como de clave o medio de engarce del resto del pensamiento. Puede darse el nombre de "palabras-clave" o "palabras-broche", como algunos críticos franceses las han nombrado, al estudiar un fenómeno similar en las literaturas semíticas. Un ejemplo será más clara exposición que muchas reflexiones.

[37] Ib. f. 61 R y V.

Están retumbando los cascabeles: *el polvo como humo*
[sube.
Es deleitado el autor de la vida.
Brotan las flores del escudo: la gloria se extiende,
se remueve en el mundo.
Hay muerte florida *en medio de la llanura.*
Allí junto a la guerra: donde comienza la guerra,
en medio de la llanura.
El polvo como humo sube: gira, da vueltas con muerte
florida *en la guerra.*
Oh príncipes, oh reyes: vosotros sois chichimecas.[38]

La insistencia en la frase metafórica *ixtlahuatl itec:* en medio de la llanura, por "campo de guerra", hace que los elementos del poema se concentren en el mismo pensamiento de la guerra, que al fin con su propio nombre va aflorando. Otro tanto hay que decir del complejo. verbal *teuhtli in popoca:* lit. "el polvo humea", que repite la misma imagen y la coloca en una disposición tal que imprime en el oyente la obsesión de lo que se intenta. Sería necesario un largo espacio para dar más y más comprobaciones.

A estos procedimientos, que pueden llamarse generales, se habrían de sumar otros que aparecen en menor frecuencia. Tales como las aliteraciones, paranomasias, repetición del mismo sonido, etc. Pero como esos más bien generales a toda la forma de expresión náhuatl y como no es sino un breve resumen el que ofrezco, dejaré de dar mayores precisiones.

19. *Poetas.* Aunque parezca problemático, tenemos muchos datos para la historia directa de los poetas de Anáhuac. Resumiré aquí algunas de las más seguras deducciones. Labor de paciencia y cuidadosa busca de los datos es todo lo que se requiere para dar un cuadro bastante completo de la

[38] Ib. f. 9 R.

calidad, del modo y aun de la persona misma de los poetas. Todo principalmente fundados en el examen del Ms. de la Biblioteca Nacional, que nos va sirviendo de fuente primaria. Hay la comprobación de la existencia de grupos o escuelas de poetas. Sabemos que había en las casas reales aun poetas aúlicos. Pomar, Durán, Tezozómoc, los testimonios que aprovechó Sahagún, nos hablan de grupos de compositores de poemas. Ixtlilxóchitl, aunque un poco tardío, pues elabora su Historia en el principio del siglo XVII, recoge también muchos informes que no puedo reproducir, como tampoco los otros, en este estudio.[39]

En el gran repertorio de la Biblioteca tenemos mencionados muchos nombres en la inscripción de los poemas. Pero la honradez nos obliga a decir que un canto que lleve por título por ejemplo *Motecuzoma icuic:* "canto de Motecuzoma", no necesariamente ha de traducirse "Canto de Motecuzoma, porque él lo hizo", sino que puede ser "Canto hecho para Motecuzoma". Con lo cual va dicho que es aventurado declarar que es el autor del poema el que se nombra en la inscripción. Puede ser el autor, puede ser el destinatario, puede ser el tema del cantar.

Otros criterios tenemos que brevemente resumiré.

La denominación de los grupos es de *cohuayotl, icniuhyotl,* que literalmente podemos traducir "sociedad, hermandad". Es un grupo formado para el cultivo del canto y para la alegría colectiva. Tenemos, por ejemplo, la voz de un poeta que dice:

¿Tal vez por mí terminará la Hermandad?
¿Tal vez por mí terminará la Sociedad?

---

[39] Vid. mi *Hist. de la Lit. Nah.,* I, pp. 79 ss y la lista de la edición de Pomar.

¡Me habré ido yo, Yoyontzin, al lugar de cantos del que da la vida..."[40]

Similares alusiones pueden hallarse en todo el transcurso de estos poemas, además de las indicaciones directas de los testimonios citados en la nota 39. Las personas mismas de los poetas raras veces se hallan en las fuentes designadas con sus nombres, aunque no faltan bastantes referencias a estos mismos nombres como de cantores. Pero los criterios internos son de mayor peso. Son de mayor fuerza los que enumero:

a) Muchas veces se hace alusión a hechos contemporáneos, cuya fecha podemos saber por los anales y demás documentos históricos del México antiguo. Esta circunstancia ayuda a situar en el tiempo la composición del poema. La data del tiempo nos endereza a la de la identidad de la persona.

b) Esta persona muchas veces se da con su propio nombre: "Yo soy N, yo soy X..." Y aunque es posible que la poesía fuera una ficción en la atribución a determinada persona, quiero decir, que se le pone en los labios lo que no dijo, hay vehementes indicios de que habla el mismo autor del poema.

c) La referencia de un poeta a otro dando el nombre, cuando al contestar a su poema anterior le dice: "Tú, oh X... oh N", nos dan el indicio de que el que antes ha hablado es el que se menciona ahora.

Confieso que no son inconmovibles estos criterios, pero tienen en el campo de las probabilidades suma urgencia para hacernos muy próxima a la certeza absoluta la atribución a determinado poeta de determinado poema. Por otra parte, en cada caso cabe apurar otros indicios de atribución de procedencia, de autoridad, de identidad de las personas.

[40] Cant. Mex. ff. 25 R y 3 V.

En este sentido, cabe mencionar algunos nombres, con notas que los hagan personajes históricos. No voy a hacer el recuento completo, que puede ser muy ampliado, sino a mencionar apenas algunos nombres.[41]

Antes conviene precisar que se hallan personas de calidad principalmente, aunque no falten nombres de personas que parecen de baja estofa. De cada persona mencionada cabría hacer una monografía, más o menos amplia, según los materiales.

Aun es conveniente agregar que tenemos en las fuentes, en particular en el Ms. de la Biblioteca, tan rico en informes, para situar centros de desarrollo en determinadas poblaciones. Los nombres que parecen indicarnos un auge en la poesía son los tres señoríos de la llamada Triple Alianza, o sea, Tenochtitlan, Tezcoco y Tlacopan; Chalco, en donde hallamos las mejores muestras de este género de poesía, Huexotzinco, que también da muchos nombres y sus correspondientes poemas. Al parecer estas tres agrupaciones son como los lugares de florecimiento. Pero debe tenerse en cuenta que, careciendo de informes acerca de otras poblaciones de la misma raza y lengua náhuatl es posible y aun probable que en todo centro de vida organizada socialmente, con sus colegios sacerdotales, al mismo tiempo centros de educación cultural y de transmisión de las tradiciones, haya habido producción en abundancia, que por la acción del tiempo no llegó a nosotros. Sería, entre estas ciudades, Tula, Cholula, Tlaxcala, Tecamachalco, Coatinchan, etc.

20. *Algunos nombres.* Dejando el de Nezahualcóyotl, a quien la tradición atribuye la mayor parte, si no todos los poemas que conocemos, para una nota posterior, podemos

---

[41] En el tomo II de la *Hist.* di un Apéndice con mayor cantidad de informes, pero es aún poco lo que se ha divulgado, en comparación de muchas noticias que pudieron reunirse. Ver la edición de Pomar.

mencionar estos autores de poemas insertos en el repertorio que se elaboró bajo la mirada y por los cuidados de investigación de Sahagún:

En Tenochtitlan, además de Motecuzoma, que en algunos casos parece ser el Primero, o sea Ilhuicamina, y en otros el infortunado Xocoyotzin, hay que mencionar a un Itzcóatl, que no parece por los indicios ser el cuarto gobernante de la ciudad, sino otro posterior. Este mismo u otro homónimo se halla mencionado con el nombre de Axayacatzin. Bien puede ser el sexto de los reyes.[42] Un Cahualtzin, que puede hallar datos suficientes para una breve biografía, mencionado en F 18 R del manuscrito. Cuacuauhtzin, personaje legendario, con un perfil suficiente en las fuentes y dado como autor de uno de los mejores poemas de toda la colección.[43] Un Cecepaticatzin y un Tezcatzin, hijos de Axayácatl, muertos ambos en las cercanías de Atlixco por el año 1495; Macuilxóchitl, también de la familia real de México.[44]

De esta región central no puede olvidarse al último tlatoani de Tlatelolco, Moquihuixtli, que aparece como autor de dos poemas, por lo menos,[45] y a quien en otra fuente hallamos como destinatario de un poema más,[46] de autor indeterminable.

Ya en la etapa misma cercana a la Conquista se mencionan Telitl, rey que fue de Tenayucan, pariente de Motecuzoma II,[47] y Oquitzin, también de la casa real, que muere como gobernante de Azcapotzalco.[48]

De Tlacopan se menciona al rey Totoquihuatzin, contem-

---

[42] Cant. Mex. ff. 53 V, 29, V, 4 V.
[43] Ib. ff. 26 y 49.
[44] Ib. f. 53 V.
[45] Ib. f. 22 V.
[46] Ms. de 1528, p. 24.
[47] Cant. Mex. f. 60 V.
[48] Ib. ff. 61 R y 68 V.

poráneo de Motecuzoma II.⁴⁸ Acaso hubiera de agregarse algún otro en un recuento general.

De Tezcoco, además de Nezahualcóyotl, tenemos mencionados como autores de poemas a Nezahualpilli,⁴⁹ a Yoyontzin, también cercano a la invasión hispana,⁵⁰ y alguno más. Pertenecen a Chalco los poetas siguientes: Chalchiuhtlatónac, que al parecer es muy antiguo, pues se menciona su poema como transmitido de muy atrás;⁵¹ Chichicuepon, de quien tenemos bastantes datos casi novelescos, y que es dado como autor de un poema hermoso,⁵² Ayocuan,⁵³ Tlepetztic,⁵³ etcétera.

De la región tlaxcalteca se menciona un Xicoténcatl, que parece ser el personaje que interviene en la historia de la Conquista,⁵⁴ el rey Xayacamanchan, o dicho mejor, los reyes, ya que hubo dos de tal nombre en Huexotzinco,⁵⁵ Tochihuitzin, y el rey Tecayehuatzin, en cuya casa se nos pinta un concurso de poetas, en que intervienen bastantes cantores.⁵⁶

Creo que la mención de estos nombres escuetos, cuya exhibición íntegra, a través de los datos que poseemos diera lugar a una larga relación de poetas, son bastantes para delinear el cuadro de la poesía lírica en el México de habla náhuatl antes de la llegada de Cortés. Merece tratarse aparte el personaje famoso de aquella literatura, que fue el ciertamente excepcional en su medio rey de Tezcoco, Nezahualcóyotl.⁵⁷

⁴⁹ Ib. ff. 29 V, 55 V, 56 V, etc.
⁵⁰ Ib. ff. 3 V, 25 R, 18 V, 69 R.
⁵¹ Ib. f. 32 V.
⁵² Ib. f. 33 R.
⁵³ Ib. f. 8 V.
⁵⁴ Ib. f. 10 V.
⁵⁵ Ib. f. 11 V. cf. Ms. de 1528, p. 24.
⁵⁶ Ib. f. 9 R y ss.
⁵⁷ Acerca de la vida de Nezahualcóyotl lo más serio que se ha publicado hasta hoy es: *Flute of the Smoking Mirror*, N. Mexico, 1949, que aprovecha casi todos los informes de las fuentes acerca de este personaje.

21. *Nezahualcóyotl.* Ha pasado a la historia este rey de Tezcoco por su novelesca vida de aventuras y vicisitudes, ciertamente dignas de poemas y relatos populares. Nadie puede dudar que haya sido acaso el entendimiento más brillante de que nos queda memoria en la antigüedad nahuatlaca. Se le atribuyen calidades de arquitecto, economista, filósofo y sabio especulador de los secretos del mundo y del hombre. Es ciertamente uno de los que en estas zonas se anticiparon a los progresos en el estudio de la naturaleza, con la creación y sustentamiento de jardines botánicos y zoológicos. No podía faltarle la aureola de mago y de poeta. Este último aspecto es el que nos interesa aquí.

No puede negarse que fue un poeta destacado. Lo dice en muchos lugares su descendiente Alva Ixtlilxóchitl,[58] y lo repiten en coro todos después de él. Es más, el mismo Ixtlilxóchitl da fragmentos de un poema suyo, y cita el principio de algún otro.[59] En el Museo se conserva un manuscrito con poemas del mismo poeta real y su descendiente agrega a sus obras una versión o paráfrasis que fue reproducida varias veces. La paráfrasis castellana es, fuera de una vulgar amplificación, un verdadero mosaico de temas tratados por los poetas del Ms. de la Biblioteca.[60]

Un infundio es, sin reticencia, el poema que nos ofrece desde 1778 Granados y Galves, en sus *Tardes Americanas.* Torció el sentido de la atribución dando al rey de Acolhuacan un poema en otomí, que tampoco es otomí, y que no tenía por qué hallarse escrito en esa lengua.[61]

[58] Entre muchos lugares de las obras de este autor ver Tomo II, 225, 244, 298, 310, 325, etc.
[59] Tomo II, 155 y 235.
[60] Vid. *Poetas Novohispanos,* México, 1942, pp. 147 ss. de Alfonso Méndez P.
[61] Vid. esta cuestión más ampliamente tratada en mi *Historia.* Tomo I, pp. 247 ss.

Sin poder negar que fue compositor de poemas es difícil asignar los que ciertamente le pertenecen. En el Ms. de los Cantares podemos indicar, con probabilidad suficiente, algunos que no son indignos de lo que la fama nos cuenta de él. Muchos más se le atribuyen. Es un hecho similar al del rey de Israel David. Todos los salmos se dijeron ser suyos: está bien puesto en claro que poquísimos de los que el Salterio nos atesora pueden tenerse por obra suya. Es que la posteridad centra en un personaje toda la gloria de una etapa, y es más fácil dar a un solo sujeto las obras, que tratar de hallar a sus autores en una masa anónima.

Entre los poemas que pueden darse por obra del rey de Acolhuacan señalaré los siguientes, como muestra de su estro y pensamiento:

No cesarán mis flores, no cesarán mis cantos:
los entono: ¡no soy más que un cantor!
Se esparcen, se derraman, amarillecen,
flores que se van entre los oros de los zorzales.[62]
Haya cantares floridos, dígase:
Bebo las flores que embriagan, llegaron flores embelesantes.
¡Ven, serás glorificado!
Ramilletes de flores llegaron:
son sólo flores de placer:
se esparcen y se derraman; se entrelazan varias flores.
Ya retumba el tambor: sea el baile.
Con narcotizantes flores se tiñe mi corazón.
¡Yo soy cantor! ¡Gozad!
Dentro de mi corazón se quiebra la flor del canto:
ya estoy haciendo llover flores.
Con cantos alguna vez he de amortajarme yo:
con flores mi corazón ha de ser entrelazado:

[62] Cant. Mex. f. 16 V.

son los príncipes, los reyes. Por ellos a veces lloro,
y me digo a mí mismo:
"Mi fama de flores, y el renombre de mis cantos
habré de dejar un día!
Con flores mi corazón ha de ser entrelazado:
con esas flores los príncipes![63]

Aunque fuera muy grato, no es posible seguir intercalando poemas que se pueden atribuir, con mayor o menor probabilidad, a Nezahualcóyotl. Para el intento de este libro, los citados son suficientes.
Demos una visión general de la lírica, antes de dejarla.

22. *Estimación crítica*. La lírica náhuatl no puede en muchos aspectos ser comparada con la producción literaria similar de otras culturas. Tampoco es necesario. Cada grupo humano tiene su tónica propia y el oficio del investigador es justipreciar sus obras dentro de su cuadro propio. No hay una norma universal en campo tan subjetivo como es el de la poesía lírica. Si hasta nuestros tiempos no se ha dado la verdadera importancia que tiene esta rica vena de la antigua vida mexicana se debe a dos causas: primera, la ignorancia casi general de su existencia y de sus propias modalidades, y la segunda, más breve, el prejuicio que ha normado la mente de muchos investigadores o historiadores de la cultura humana que suponen un patrón y un módulo único para la apreciación de lo que no es europeo.

En los tiempos modernos, con una visión más amplia y, por lo mismo, de mayor justicia, se empieza a dar atención a los caracteres peculiares de cada literatura. Como se hace con letras anteriores o extrañas al mundo grecorromano, tales como las egipcias, los semíticas de diversos pueblos, las chi-

---

[63] Ib. ff. 28 V y 29 R. Los versos que aparecen en estos textos castellanos resultan sin intención directa y no afectan a la literalidad de la versión.

nas, o las mismas de la región indostánica, tan variadas y algunas tan alejadas del mundo occidental, debe hacerse con los poemas y con la producción literaria de los pueblos de América. Y, aun en el limitado acervo de la producción literaria que se nos conservó, podemos estar orgullosos de esta voz humana, diferente de las demás, que cantó y dijo su modo de comprender el mundo y la vida.

Caracteres positivos de innegable valor son la tendencia a la elevación filosófica, la delicadeza en la elección de las imágenes, la sencillez y el laconismo, a veces verdaderamente refinados, la suavidad de la lengua empleada para expresar los pensamientos y afectos.

No entra en el plan de este libro un examen más detenido. Lo que se resume en este capítulo es suficiente para no desdeñar este mundo literario y debe ser acicate para estudiarlo con profundidad mayor.

Capítulo Tercero

POESIA EPICA

23. *Antecedentes.* La primera forma de exaltación poética es la que llamamos "épica", para abreviar explicaciones. Un hecho de importancia en una comunidad, por rudimentaria que sea su cultura, se impone al recuerdo. Pero la repetición de la narración del hecho va modificando sus expresiones. Pide, en primer lugar, repetición de pormenores que halaguen a la imaginación; formas de imágenes y de palabras que hagan fácil el recuerdo, porque ayudan a su impresión en la mente; poda de hechos superfluos, o de consideraciones adventicias, que se sobreponen al hecho real. Con esta aparente paradójica urgencia se define la poesía heroica. Canta los hechos maravillosos de los jefes guerreros, celebra sus triunfos casi siempre, muy pocas veces sus derrotas, ve en ellos la encarnación del pueblo y, tras muchas repeticiones, se vuelve la fórmula colectiva de sentimiento de unidad de miras, de ideas, de tendencias y de alegrías. No de otra manera nacieron las epopeyas famosas de los griegos, las hasta hace poco conocidas de la India, las que se van exhumando en Ugarit, en Egipto, en países que estuvieron muertos y recobran la vida por la investigación ardua y fecunda de los arqueólogos.

Este fenómeno cultural no podía faltar en América. Dejamos a un lado otras zonas del pensamiento poético, tales como las que producen el Popol Vuj, entre los quichés, o algunos atisbos épicos del Perú. Nos ceñimos a lo nuestro, en el campo de este libro. Hay que reconocer que la producción de carácter heroico es muy antigua y muy abundante.

En este capítulo no haré más que consideraciones superficiales, a pesar de que acaso sean largas, sobre un tema que por sí postula un largo y documentado libro.[1]

Tenemos las mismas fuentes de información, aunque más difíciles de dilucidar. En casi todos los documentos antiguos con pretensiones de historia no hallamos otra cosa que largos poemas épicos prosificados y a veces reducidos a la pura expresión de relatos fríos y secos.

Esta misma disposición hallamos en los escritos en lengua española elaborados por nativos, por mestizos, o por españoles, que se fundan en los documentos recogidos entre los antiguos. Ixtlilxóchitl, Durán, Tezozómoc, Sahagún, en muchos de sus repertorios documentales, no hacen sino glosar, traducir y modificar los antiguos relatos poemáticos que debieron aprenderse de memoria en el Calmécac y que fueron captados en la primera empresa de alfabetización de los antiguos cantos. El estudio directo de cada caso es asunto lejano de estas notas y deberá tratarse en cada libro cuando se pone a la lectura de los interesados.

24. *Epica e historia.* Una de las falsas concepciones que han hecho difícil la comprensión de la épica náhuatl es la confusión de sus datos con los históricos. Los antiguos mexicanos tenían el concepto de la historia con una exactitud acaso mayor que la de los contemporáneos. El tiempo y el espacio eran para ellos dos necesarias coordenadas que los encerraban en círculos de hierro. Revelan esta disposición los llamados Anales, que con un término acaso más exacto

[1] Me refiero, de una vez por todas, a mi *Epica Náhuatl*, BEU. t. 55. México, 1945. Y a un estudio anterior en *Abside,* IV (1940), pp. 26 ss.

diríamos "Hechos sociales distribuidos por años". En ellos hay una historia escueta y enjuta que no da más que los hechos, los sujetos, las fechas y los lugares. Una algebra de la historia más bien que la historia, si concebimos ésta con el modo occidental. A este laconismo contribuyó la misma rigidez de la escritura que, siendo esquemática y no alfabética con un signo para cada sonido, hubo de abreviar lo más posible y reducir a fórmulas sumamente concisas y muchas veces apenas comprensibles para los no iniciados. Tales son los Códices históricos que en resumen solamente son dos, conforme a la sentencia de los peritos.[2]

Afortunadamente el hombre no se contenta con cortezas y exige el meollo. Para el hombre es el meollo en la producción literaria el campo en el cual puede él decir lo que siente, expresar sus reacciones interiores ante la realidad histórica. Es como el comentario humano ante el hecho que en su escueta y pétrea rigidez se antoja cósmico.

Comienza a dorarse el hecho con luces de la expresión subjetiva y si esta expresión se ajusta al metro, se mide con otros modos de mayor explicación y adorno imaginativo. La historia, en este caso, se ha vuelto poesía. Este hecho que en todas las literaturas podríamos documentar, es el que vamos a examinar en el dominio de la producción literaria en lengua náhuatl.

25. *Ciclos y temas.* La base para agrupar los fragmentos de epopeya que han podido llegar a nosotros de la abundante producción antigua puede ser la de los temas y la de los lugares de origen. Esta segunda es la más cómoda y acaso la más objetiva. Ayuda la consideración de los temas mismos, que agrupados en diversas categorías pueden dar también una visión de conjunto.

[2] Cf. Salvador Toscano, *Arte Precolombino*, Mex. 1944, pp. 362 ss.

Atendiendo a la primera fuente de agrupación, podemos señalar los tres estados centrales del Valle de México, o sea Tenochtitlan, que aunque venido más tarde, se alzó con el dominio de todo el Valle y se desbordó fuera de él muy lejos. Sigue Tezcoco, más antiguo que México, pero sometido a la hegemonía de la ciudad lacustre, y de cuya abundancia literaria, casi nada nos ha quedado. Al fin Tlacopan, que sustituyó al reino de Azcapotzalco, inflexiblemente destruido por los aztecas, pero que no parece haber heredado la riqueza de la ciudad antigua en el orden cultural y poético. De estos tres centros de cultura antigua tenemos documentos, algunos de los más valiosos.

Fuera del Valle de México hay que tener en cuenta las ciudades de la región poblana hoy día, tales como Tlaxcala, Huexotzinco, Cholula, Tecamachalco, Coantlinchan, etc., en que existieron y se doblegaron en todos los rumbos culturales grupos de cultura y habla náhuatl, pero no tuvieron la fortuna de que se guardaran sus producciones. Las que tenemos, sin embargo, son tan valiosas que nos bastan para dar un concepto de lo que pudo ser en aquellas regiones la vida del pensamiento y de la expresión poética antes de sobrevenir la conquista española.

Tres núcleos que podemos decir son el azteca, el tezcocano y el tlaxcalteca, por más que resulten inexactas estas clasificaciones, por la complejidad de los pueblos que originaron los testimonios que nos dan pie para este estudio.

Al mismo resultado de esquematización podremos llegar si nos apoyamos en los temas tratados. Estos son los que encierro en esta enumeración:

i. *Peregrinaciones* de los grupos en busca de un asiento fijo. Son las largas enumeraciones de lugares y peripecias que los diversos grupos nahuas hubieron de soportar. Las más de las veces se reducen a una enumeración de sitios, estancias y acaso uno que otro hecho de aquel tiempo. Pero otras veces, el redactor a quien debemos el manuscrito, echa mano de su memoria y coloca en tal lugar y en tal tiempo lo que sabe él por su estudio en la escuela de los sacerdotes acerca de lo que aconteció en tales lugares y en tales tiempos. En ese caso, nos da un fragmento, a veces largo, de poema epopéyico.

ii. Otro tanto acontece con la relación de la *fundación de las ciudades*. Al hecho escueto se agregan leyendas, consejas y mitos, a veces grandiosos, que necesariamente salen de los límites lógicos, y que hacen poemas lo que era puramente historia.

iii. Tercer género de temas es el de hechos de *personas famosas*, ya en las ciudades constituidas, que, por su influjo social, o por sus circunstancias novelescas atraen el recuerdo de las generaciones, como atrajeron en su nacimiento el estro de los poetas que cantan sus hazañas.

Estas son, a mi juicio, las tres fuentes de temas poemáticos de la vieja épica. No tenemos mayor documentación, pero bien probable es que haya habido la celebración de los personajes que en sus días fueron como figuras emblemáticas de la raza y de los destinos de cada pueblo. No es este el lugar para descender a particulares definiciones y a conjeturas, que no serían por cierto infecundas en una zona poco explorada. Preferimos dar una síntesis de lo que parece más seguro.

26. *Los poemas de Quetzalcoatl*. El complejo cultural de Quetzalcoatl es ciertamente uno de los más interesantes de toda la historia prehispánica. En él se funden y se confunden tres corrientes, a cual más dignas de examen detenido. No puedo hacer aquí más que referirme a ellas. Es, en primer lugar, una deidad de la misma importancia que los gran-

des númenes como Tezcatlipoca y Huitzilopochtli. Pertenece al grupo de las grandes divinidades creadoras y, bien vistas las cosas, no es sino un aspecto particular del principio masculino en el concepto dualista de la religión fundamental del antiguo México. Como tal, fue personaje importante en los poemas de carácter religioso que llegaron a nosotros más mutilados que los demás, como tenía que ser dada su índole sagrada. Los fragmentos que podemos espigar en las recopilaciones de Olmos nos dejan el deseo de recuperar todo el conjunto de poemas que cantaban sus proezas divinas y que se hallan también documentados en los casi mudos códices en que hallamos su imagen constantemente.[3] Esta parte de los poemas épico-sacros la omito enteramente en esta consideración, por ser demasiado fragmentaria y por haber llegado a nosotros más bien en castellano, salvo los fragmentos de que se hablará luego.

La segunda faz que ofrece este personaje en los documentos es la de un hombre a quien hay que atribuir todos los elementos de la refinada cultura que los toltecas misteriosos legaron a sus herederos en este territorio. En tal sentido pertenece a la historia y se han hecho esfuerzos por perfilar su fisonomía, acaso sin lograrlo totalmente. En este segundo aspecto es ya un tema de los poemas que tenemos en lengua náhuatl. Hablaré abajo de ellos.

La tercera faz de Quetzalcoatl en los documentos literarios que conocemos es la de un personaje totalmente histórico, rey y sacerdote de Tula, con hechos dignos de la epopeya, que en realidad fue elaborada. Fue tal vez el que más influyó en los cantores como el más humano.

Esta separación de modos de ver a Quetzalcoatl, hecha fácil en el análisis, no lo es tanto en los documentos. Las

---

[3] Para un estudio de este aspecto, ver. *Hist. de los Mexicanos por sus pinturas; Thévet, Histoire du Mexique; Mendieta*, Libro II, prólogo, etc.

más de las veces se entrelazan una con otra, o las tres formas de ver al sujeto se hacen una madeja. si no acaso una embrollada maraña. Esta circunstancia, que mucho importa para la historia cultural y para la historia a secas, es de ninguna importancia para la poesía, ya que en éste se busca no la relación objetiva de los hechos, sino la visión de los hombres ante ellos.

Sin hacer insistencia en la diferenciación de los tres caracteres que he mencionado, pasaré a un leve examen de lo que tenemos en esta materia.

Tres documentos principalmente nos dan abundante material para esta consideración:

Un manuscrito hecho en esta ciudad de México el año de 1558, como explicación y comentario de una serie de códices antiguos, que pueden con alguna paciencia y esmero reconstruirse, a base de los datos documentales. Más tarde fue copiado por el dueño del precioso documento que conocemos con un nombre mal puesto bajo el dictado de Códice Chimalpopoca, y forma la tercera parte de esta recopilación. El primer editor de este librito tuvo a bien darle el nombre de Leyenda de los Soles, con que suele ser citado y conocido. Aunque parece impropia la denominación, la usaré aquí en obvio de confusiones.[4]

En la primera obra reunida en este mismo Códice Chimalpopoca están los que llaman Anales de Cuauhtitlan y que son uno de los más brillantes tesoros de la literatura antigua. En este escrito, cuya historia se dará en resumen en la segunda parte, en el capítulo correspondiente a la literatura histórica, se halla un largo y precioso fragmento netamente poemático en que se canta la vida de Quetzalcoatl.

[4] Las ediciones son las de Paso y Troncoso, Lehmann y Velázquez, vid. *Bibliografía*. En las referencias a este documento sigo la edición de Lehmann como más asequible. Tengo a la vista el Ms.

Es el residuo de un poema epopéyico ciertamente más largo.[5]

El tercer documento es el Libro Tercero de Sahagún en su mayor parte. Naturalmente, la obra castellana del benemérito fraile se apoya en el documento en lengua náhuatl reunido por sus informantes que tenemos en los manuscritos de Madrid con fidelidad y limpieza mayor que en los de Florencia.[6] En este valioso poema se recoge una síntesis de la vida de Quetzalcoatl y, con la intención del director de la recopilación de hallar en todo historia, se involucran los tres aspectos, aunque el de su divinidad queda ofuscado por los datos humanos.

A base de estos tres documentos se puede reconstruir un ciclo de la persona de Quetzalcoatl. No se ha hecho hasta el día de hoy y acaso sea mejor que no se haga nunca. Debemos contentarnos con los restos de la vieja epopeya, como lo hacemos con los fragmentos de una bella estatua recobrada de la opresión del polvo de los siglos: a nadie se le ocurre, si está en su juicio, ponerle brazos a la Venus de Milo, diré por ejemplo.

Estudiados los fragmentos de estas tres fuentes, podemos dar esta sencilla descripción del conjunto. Debemos agregar que aquí y allá, en otras fuentes se hallan otros datos que podrían completar la fisonomía poética, pero solamente en un estudio exhaustivo del tema deberán tenerse en cuenta.[7]

Cabe la posibilidad de que todos estos poemas tengan un sentido religioso esotérico, pero en materia tan aventurada, es necesario omitir toda consideración que no sea absolutamente literaria. Eso haré.

[5] Ms. de Cuauth. pp. 4 y 5-7. Lehmann, nn. 55 y 83-153.
[6] Ms. de Madrid, Palacio, ff. 139 R a 151 V.
[7] Por ejemplo, el que da Hist. Tolteca Chichimeca, pp. 3-4.

27. *Episodios.* Los fragmentos primeros de la Leyenda de los Soles se refieren a hechos cosmogónicos y míticos totalmente. Tales son el precioso en que se habla de la ida de Quetzalcoatl al Dominio de la Muerte, para obtener huesos de los pasados hombres, y con ellos reconstruir a la humanidad desaparecida en uno de los cataclismos cósmicos de la creencia náhuatl.[8]

Hay que recurrir a la comparación con los poemas del Indostán, tales como el Mahabarata y el Ramyana para hallar medio de comparación con la robustez primitiva y la delicadeza del estro del poeta que compuso este poema de que nos restan pocos ejemplos. Va el héroe al dominio del Señor de los muertos. Pide los huesos y el rey del más allá le exige una prueba misteriosa:

> Está bien: te los daré, pero antes tañe cuatro veces
> la trompeta de caracol y cuatro veces llévala en torno
> cantando alrededor de mi solio de esmeraldas.

Toma Quetzalcoatl el caracol trompeta. No tiene asa. Vienen en su ayuda las abejas y los avispones. Elaboran prontamente el asa y se meten dentro. El rumor del caracol es el canto de las abejas. Se le concede lo que ha pedido, pero se le ponen escollos. Los habitantes del reino de la muerte, al mandato de su señor, ponen un hoyo para que caiga:

> "Quetzalcoatl cae en el hoyo, azota en tierra consigo mismo,
> las codornices lo espantaron y quedó todo amortecido,
> derramó por tanto los huesos, y las codornices los mordis-
> [quearon."

---

[8] Bien conocida es la teoría cosmomítica de la formación del mundo en etapas, que la documentación llama "soles". Precisamente por iniciarse con un relato de esta índole el Ms. de 1558 fue denominado por Del Paso, *Leyenda de los Soles*.

Se levanta al fin el héroe y recoge sus huesos hechos pedazos. Sube al mundo de arriba y va a la región de las creaciones, Tamoanchan: allí su femenina comparte, Quilaztli, "diosa de la vida vegetal, autora de las legumbres", remuele esos huesos; sacrifica su virilidad el dios para dar vida con su sangre y el mundo resucita. El breve episodio es de suyo un cuadro perfecto y lleno de novedad y energía poética.

Otro carácter tiene el fragmento en que se nos cuenta la busca y el hallazgo del maíz y los demás mantenimientos humanos. El mismo héroe va en busca de alimentos para los hombres. Ve a la hormiga negra que lo guía y a la hormiga roja que porta el grano. Descubre el maíz, el frijol, todo lo que sustentó al mundo antiguo —y nos sigue sustentando a nosotros—, y lo lleva a Tamoanchan. Allí los dioses los mastican para hacer de aquellos alimentos dieta digna del hombre. Así dicho, este mito es insípido, pero si lo leemos en su texto metrificado, con las palabras nahuas sonoras y robustas a un tiempo, hallamos la expresión de un arte que podrá no ser el nuestro de hoy, pero es un arte humano que trasciende los siglos.

Una sola observación quiero hacer antes de dejar este tema. La concurrencia de los seres del mundo inferior que hallamos en estos dos episodios. Avispas, abejas, gusanos, codornices, hormigas..., una serie de bestezuelas que tienen su parte en el mundo del hombre, de los dioses y de las actividades de unos y de otros. Esta participación del mundo viviente inferior en la vida humana y en las mismas acciones cósmicas descubre una grandiosa concepción del universo, en donde toda la vida se entrelaza y se conjuga. No se ha estudiado y por esto no se ha comprendido la concepción del mundo antiguo, en que paralelamente a Esopo, que no es sino la representación del genio popular indoeuropeo, los seres menores tienen su vida en los poemas de este no conocido autor del poema viejo de Quetzalcoatl.

De muy diferente índole es el primer fragmento que hallamos en la parte primera del Ms. de Cuauhtitlan. Nos narra cómo al llegar a los nueve años el misterioso héroe va en busca de su padre. Tal vez esta busca es puramente una forma de denominar la venganza y el sentido de reparación del culto paterno. No interesa en el momento sino la expresión poética.

El fragmento no largo dice así:

"Cuando ya un poco discierne, cuando anda en los nueve
[años
dijo —¿Cómo era mi padre? ¿Cómo era su figura?
¡Que yo pueda ver su rostro...! Y entonces le dijeron:
—Ha muerto, por allá lejos yace enterrado. Míralo.
Va y luego revuelve la tierra y busca sus huesos
y cuando los ha encontrado, los lleva a enterrar al palacio
de Quilaztli." [9]

Este brevísimo fragmento tiene una réplica en el Ms. de 1558. En él también se habla de esta busca de los huesos de su padre, pero el poema es mucho más amplio. Voy a dar una parte para que el cotejo mismo sirva a la comprensión de la manera de estos productos poéticos.

Narra el texto cómo airados los enemigos del padre de Quetzalcoatl le quitan la vida y lo entierran entre la arena. Sigue el texto paralelo al que acabo de citar:

"Pero Quetzalcoatl inmediatamente busca a su padre.
Dice: —¿Dónde está mi padre? Luego le responde el buitre:
—Ya mataron a tu padre, allá lejos yace,
allá lo fueron a enterrar. El va entonces a tomarlo,

[9] An. Cuauht., p. 4; Lehmann, n. 55.

y lo vino a colocar en el templo, que es el monte de Mixcoatl.
Dijeron luego sus tíos: —¿Cómo perforará el templo?
¿Es acaso un conejo? ¿es acaso una serpiente?
Nos llenaremos de ira. Ha de ser un tigre, un águila, un lobo.
Eso mismo le dijeron, pero dijo Quetzalcoatl:
—¡Eso será! Ya convoca al tigre, al águila, al lobo.
Venid acá, les dice, con vosotros he de perforar mi templo.
Cierto que no moriréis, antes habréis de comer gente:
aquellos con cuya sangre ha de consagrar mi templo.
Y no en vano estaban allí con cuerdas al cuello atados.
Entonces llama Quetzalcoatl a los topos y les dice:
—Venid y perforemos el templo"...[10]

Creo suficiente el fragmento dado aquí para que se advierta la diferencia entre ambos poemas. En este del Ms. de 1558 tenemos la misma insistencia a que me he referido ya de hacer intervenir a los animales. Ahora son el cozcacuauhtli, "águila de collar", como vierten los antiguos cronistas y que es una especie de buitre; el conejo, la serpiente, como tema de comparación, y el tigre, el águila, el lobo, los topos, como personajes que intervienen a la obra de Quetzalcoatl. Acaso esta convivencia con los animales sea indicio de ser un poema mucho más antiguo.

28. *Poemas de Tula*. En el Ms de Cuauhtitlan lo mismo que en la larga prosificación de Sahagún que forma la parte más extensa de su Libro Tercero tenemos un abundantísimo material épico, con pretenciones de histórico, que atesora acaso lo más importante de este género en la antigüedad nahua. Sus dimensiones pueden apreciarse si tenemos en cuenta que en el Ms. de Cuauhtitlan, de tan apretada y pequeña escritura llena tres páginas y media y en escrito de los informantes de Sahagún son trece folios, aunque a

[10] Ms. p. 81; Lehm. nn. 1557-1576.

una sola columna, dejando la otra en blanco para el castellano que nunca se agregó.[11] En uno y en otro documento hay una curiosa interrupción que hace conjeturar que el texto no se dio completo. Es que acaso los recopiladores tenían esperanza y aun intención de agregar nuevos episodios sin que jamás se hiciera.

Todo este material se refiere a la vida del héroe en Tula, a las peripecias que lo hacen ser vencido, a sus angustias y a su huída a remotas regiones misteriosas, que se pierden entre la realidad y la leyenda. Es un poema que debe leerse en su integridad para poder apreciar su valor literario. No es posible aquí dar largos fragmentos. Algunos puse en mi Historia,[12] y alguna vez tengo la esperanza de dar en su integridad estos poemas del ciclo de Quetzalcoatl.

En su conjunto tienen desde luego una importancia enorme para la pintura de la época. Toda la vida de los toltecas puede reconstruirse en sus aspectos culturales a base de estos poemas. Pero en el orden literario dan una visión de lo que pudo ser aquella serie de epopeyas que, como Sahagún grandiosamente decía fueron para celebrar a Tula, ciudad "muy rica y decente, muy sabia y muy esforzada (que) tuvo la adversa fortuna de Troya".[12] Emulando a aquella vieja ciudad que nutre, en los poemas de su ruina, a la vieja cultura europea, los poemas de Tula fueron pasto de los pósteros en este suelo y debieran ser orgullo y alegre lectura de los que después vinimos a él.

Para dar una muestra única de este conjunto de poemas tomaré el fragmento del Ms. de Cuauhtitlan que canta la desolación del héroe a la mañana siguiente de su pervaricación:

---

[11] Cod. Madrid, Palacio, f. 139 R. a 151 V. Ed de Del Paso, pp 215-240.
[12] Prólogo general. Ed. 1946, I, 12 ss.

"Y cuando amaneció el día, se llenaron de tristeza,
se sintió desolado su corazón. Dijo entonces Quetzalcoatl:
¡Ay desdichado de mí! Y luego muy triste estuvo.
Esta la manera como hizo su canto allá dentro
el que cantó con tristeza cuando estaba para irse:
"Ya no sea contado este día en mi casa.
¡Aquí quede yo! Y, ¿cómo aquí?
También aquí y ojalá más bien yo cante,
tengo cuerpo hecho de tierra:
sólo congoja y afán de esclavo...
¡nunca más habré de recobrar mi vida!"
Y también otra palabra cantó de su cantar:
"¡Ay, me sustentaba mi madre,
la diosa que tiene serpientes en su falda,
era su hijo yo, pero ahora
no hago más que llorar!"
Y cuando hubo cantado Quetzalcoatl,
todos también sus vasallos y servidores
se llenaron de tristeza y lloraron
y entonces juntos todos, entonaron esta canción:
"Ah..., nos había mantenido en prosperidad:
eran ellos nuestros gobernantes, él Quetzalcoatl.
Vuestras esmeraldas brillan:
el madero ensangrentado se ha roto:
helo aquí: lloremos.[13]

Sigue el relato de la caja de piedra en que se ha de tender el héroe para esperar la muerte o la salud, y la recuperación suya, después de la cual se marcha para siempre.

La transformación de Quetzalcoatl en estrella es un cuadro que da la idea de lo que podían los poetas del viejo Anáhuac en sus pinturas. No es posible citarla aquí.

[13] Cf. *Hist. Lit. Náhuatl*, I, 280 y 322 ss.

No cabe más que un juicio general acerca de estos poemas. Es la más alta manifestación de arte épico que se produjo en lengua náhuatl. Bien pudiera ser que la lengua haya sido otra: la lengua en que nos llega es la del antiguo señorío de los lagos, dominador de la mayor parte del territorio hoy día mexicano. Es una hermosa reminiscencia de una vida que fue y pereció. La voz de los poetas, más duradera que la de los reyes, se impone a los siglos y guarda para el mundo que viene la grandeza del mundo que se fue.

29. *Poemas de Tenochtitlan.* Denomino así los que, en una forma o en otra, se formaron para cantar la serie de episodios tocantes a la peregrinación del grupo azteca, a su entrada al lago, a su lucha para mantenerse en él, y a los hechos religiosos que dan apoyo a la creencia de la ciudad predestinada. Claro es que una detenida exposición de temas y documentos nos exige un espacio que no es prudente exagerar. Un breve resumen, más de indicaciones que de hechos, será todo lo que aquí puede hacerse.

También en la Leyenda de los Soles, o Ms. de 1558, tenemos una buena serie de poemas heroicos prosificados, que ayudan a la reconstrucción histórica y cultural de aquella etapa. Se inician con la narración de una lucha de los hijos de Mixcoatl con sus antagonistas. Llegan a dar algunos cuadros que sirven para la comprensión de la lucha de la cultura azteca con la preexistente tolteca. No tomaré de esta recopilación ninguna cita. Hay otro documento de valor indudable. Escrito en náhuatl por un descendiente de la casa de los reyes de Tenochtitlan, no solamente pudo guardarnos los papeles genealógicos, de valor sin igual, sino también en la primera parte de su escrito ingirió grandes fragmentos de los poemas de la fundación de México. Es este autor Fernando de Alvarado Tezozómoc, que casi acabando el siglo hace sus dos obras, una en náhuatl, que es la que nos interesa, y la otra en castellano —castellano bizarro, por cierto, pleno de mexicanismos y digno de estudio de los lingüistas. Es la obra de orden literario que mayor cantidad de temas épicos contiene.

En la *Crónica Mexicáyotl,* nombre que se da a este valioso documento, hallamos largos fragmentos sobre la lucha entre dos grupos antagónicos existentes entre los fundadores de Tenochtitlan. Restos de un ciclo de Huitzilopochtli, en que se cuenta la desavenencia con la hermana, la misteriosa Malinalli, que encarna solamente el principio femenino en la divinidad, y es un trasunto popular de la cósmica deidad de la tierra.

De este ciclo toman los antiguos cronistas, Durán, Tezozómoc, Tovar, la parte principal, pero en la obra que estoy analizando el segundo de estos autores da largos trozos de un poema tocante a la lucha entre el hijo de Malinalli, llamado Cópil, y su propio tío Huitzilopochtli.

En este lugar no me interesa qué mitos astronómicos, o cósmicos vulgariza, sino la forma literaria en que lo hace. Es ésta ciertamente digna de estimación, por su nervio, su vitalidad y su tenor digno de la epopeya. He citado en mi Historia un fragmento que no puedo reproducir por no agravar este estudio con demasiadas citas. El lector interesado puede leerlo allí, y por cierto que no será defraudado.

En el Códice Aubin, documento que abarca una larga etapa y recoge muchos materiales literarios, hallamos también bastantes fragmentos poemáticos. Puedo citar el episodio del árbol desgajado en la peregrinación, una relación larga de los tratados de los jefecillos de Colhuacan dados a los aztecas en su primera etapa, la famosa leyenda de la invención del águila sobre el nopal, que determina la fundación de esta ciudad. Mito que ha sido muy citado, pero nunca estudiado en su conjunto y en sus antecedentes.[14]

Fuera del ámbito tenochca, podremos señalar algunos poemas épicos incluidos en la llamada Historia Tolteca-Chichimeca, en que se habla, además de los referentes a la desintegración de Tula, de algunos que pertenecen a la historia netamente náhuatl, contemporánea de la instalación de las tribus de la misma cultura en el centro de los lagos mexicanos. No hago más que mencionarla, a falta de citas.[15]

30. *Poemas de otras regiones.* Por vía de intervalo vamos a mencionar ahora algunas producciones literarias que no pertenecen al cuadro de la cultura náhuatl en el contorno del lago, o dentro de él.

Tezcoco ofrece material abundante. Lo lamentable es que, hasta donde mis conocimientos alcanzan, no tenemos ningún documento en la lengua náhuatl y sí solamente las versiones y arreglos de Ixtlilxóchitl y Torquemada. Con ser tan pobres, nos dan oportunidad de entrever que el material de carácter épico fue abundante en la realidad de aquellos pueblos, aunque no lo tengamos a la mano en su redacción primitiva.

En los relatos que recogieron los informantes de Sahagún y que éste incorporó en sus capítulos de etnografía hallamos residuos no cortos de antiguos poemas épicos, los primitivos acaso, con que la errante progenie iba atesorando sus andanzas, trágicas a veces, con resabios de comicidad en otras ocasiones. Puede tenerse en cuenta la narración de la invención del pulque, la elaboración del calendario, etc. Si tienen importancia para la historia de las ideas, no la tienen menor en lo que toca a su naturaleza literaria.

---

[14] No hay más edición que la mala de Peñafiel, Mex. 1902, pero es muy valiosa para estudios de este género.
[15] Vid. de la Ed. Facsimilar de Mengin, 1942.

Entre estos mismos relatos ha de tenerse en cuenta el poema mutilado del nacimiento de Huitzilopochtli, que hallamos al principio del Libro III del benemérito franciscano y que en el documento original está en sus medidos versos de carácter epopéyico.[16]

De Chalco y de Tlaxcala tenemos apenas restos de poemas. Los primeros están incorporados en el largo trabajo de Chimalpain sobre los orígenes y de los segundos hallamos alguna leve conservación en Muñoz Camargo y en la Crónica de Zapata, aún no dada a conocer.

Debemos cerrar en este lugar el recuento de documentos. La minuciosa exploración de todo lo que hay en este campo sale de esta tentativa de estudio de conjunto.

31. *Valoración de la épica.* Por deficiente que sea en anterior estudio, puede darnos la noción de que la épica náhuatl tuvo su importancia. Hoy no podemos apreciarla en su justa proporción por varias razones:

No tenemos suficiente documentación. Por la naturaleza misma de las cosas, poemas largos fueron más difíciles de conservarse en la memoria y de recogerse en la redacción cuando llegó la hora de escribirlos.

Podemos también tener en consideración el interés menor que tuvieron los investigadores primitivos —Olmos, Sahagún, Durán—, para darnos otra cosa que no fuera resúmenes que ellos estimaron históricos, sin advertir que eran tesoros de poesía. Error no propio de ellos, cuando vemos que la historia de algunos europeos toma en cuenta, como fuente de información los poemas homéricos, o las eddas germánicas.

Los pocos documentos que poseemos y hemos podido estudiar nos dan materia para formular un juicio:

---

[16] Texto en Cod. Madrid, Palatino, f. 132 V s. Una publicación en *Abside*, IV (1940), pp. 26 ss.

Sin la armónica ponderación de los poemas homéricos, tan artísticamente construidos, hemos de admitir que en este conjunto de episodios, más que epopeya completa, hallamos la eterna revelación del hombre, que en todo lugar y en todo clima se revela el mismo. La original manera de ver el mundo, la convivencia con el mundo inferior al humano, son dos notas de esta producción. Aquí y allá hallamos cuadros, perfiles y siluetas que nos descubren un modo de ver al mundo y al hombre que no es el vulgar. Esto es suficiente para dar importancia a la producción que denominamos épica, siguiendo el ordinario modo de clasificación de los productos literarios. Bien puede ser que alguna vez se hallen más amplios fragmentos, documentación más bien conservada: no modificará en mucho la estimación que se resume en este aparte. Y de toda la producción épica bien puede decirse que el poema de Quetzalcoatl es una verdadera perla, digna de ser unida a las más valiosas epopeyas del mundo.

Capítulo Cuarto

POESIA DRAMATICA

32. *El problema.* Aunque en vista de lo que hemos expuesto hasta este momento podría darse por segura la existencia de una poesía de carácter representativo, no es posible en una investigación objetiva fundarse en suposiciones. El problema que tenemos que examinar es este: ¿Hubo una producción literaria de carácter dramático en la vieja cultura náhuatl? ¿Qué hechos literarios podemos señalar en este campo?

Concordes están todos los testimonios de la historia de la antigua sociedad de que era aquel pueblo muy amante de ceremonias y simbolismos. No hay necesidad de apelar a la historia, cuando vemos en los indios supervivientes el apego a los símbolos y el gusto que tienen por todo lo que sea de carácter ceremonial. Bien sabido es que la ceremonia no es sino un símbolo de acción. Y llegó a ser proverbial la frase de comparación "ceremonioso, como un indio mexicano". Tal vez solamente en la cultura china podría hallarse un paralelo a esta modalidad cultural.

Ahora bien, la ceremonia es un principio de representación teatral. Es el agregado mímico que integra y completa la expresión de la palabra. El que hace algunas muestras exteriores significativas de pensamiento o afecto, está iniciando una verdadera fuerza adjunta a la expresión de sus palabras que hace más expresivas éstas y da vida y vigor a lo que expresa.

Si examinamos la larga relación que nos dejaron Sahagún, Durán y otros de menor importancia,[1] acerca de las fiestas a los dioses, tenemos a los ojos verdaderos cuadros teatrales. Aquellas celebraciones eran un deleite de los ojos, de los oídos y de la total comprensión sensitiva. Esas manifestaciones de la vida social distaban mucho de ser mudas. Aquí y allá hallamos algunas palabras, algunos pequeños poemas que dicen eran repetidos durante estas complicadas y muy simbólicas ceremonias.

Tras estas consideraciones, aun de orden hipotético, venimos a la comprobación documental.

Primeramente vaya la de los testimonios acerca de lo que fue el teatro prehispánico. En este campo nadie ha dado la minucia de informes que nos da Durán, que vivió desde pequeño, —a los seis o siete años vino a México—, en una sociedad de cultura náhuatl acendrada, como fue Tezcoco, y que pasó su vida, no larga por cierto, sin desligarse nunca de los contactos indios. El nos informa de que en todas las ciudades, cabe los templos, había enseñanza de cantos colectivos de carácter teatral. No es inútil insertar el texto en su integridad: "En todas las ciudades había junto a los templos unas casas grandes, donde residían maestros que enseñaban a bailar y a cantar. A las cuales casas llamaban *cuicacalli*, que quiere decir "casa de canto"; donde no había otro ejercicio, sino enseñar a cantar y bailar y a tañer a mozos y mozas. Y era tan cierto el acudir ellos y ellas a estas escuelas y graduábanlos tan estrechamente que tenían el hacer falla como cosa de crimen *lesae maiestatis*, pues había penas señaladas para los que no acudían." [2] Es por demás decir que, fuera de la urgencia civil, había la exigencia de orden religio-

---

[1] Sahagún, *Historia*, Libro II íntegro. Durán, su primer tratado, que en la edición está en II, pp. 72 ss.
[2] Durán, *Hist.* II, 227.

so: "Demás de haber pena, en algunas partes había también dios de los bailes, a quien temían ofender, si hacían falla." O sea, que en este ejercicio obligatorio de canto, baile y recitado pesaban la orden del monarca y la obligación de conciencia.

Todos los pormenores puntualiza el escritor dominico. La hora: "una antes de que el sol se pusiese", que era la del inicio, y la cercanía a la media noche, el *tlapitzalizpan* de Sahagún, cuando cesaban de tañer las flautas, necesarias compañeras de aquel ensayo, que era la hora de terminarlo. Las personas "mozos y mozas de catorce, de doce, poco más o menos". El lugar: "salas muy bien edificadas y galanas, con muchos aposentos grandes y espaciosos, donde había toda la curiosidad y pulidez del mundo; alrededor de un hermoso patio grande para el ordinario baile".

En otros lugares,[3] nos habla de la forma y los modos de los diversos espectáculos; toda una minuciosa descripción puede deducirse de estos diferentes textos. En el patio del templo mayor "hacían una casa de rosas y hacían unos árboles a mano, muy llenos de flores olorosas, a donde hacían sentar a la diosa Xochiquetzalli. Mientras bailaban, descendían unos muchachos vestidos todos como pájaros, y otros como mariposas; muy bien aderezados de plumas muy ricas, verdes y azules y coloradas y amarillas, y subíanse por estos árboles y andaban de rama en rama, chupando del rocío de aquellas rosas. Luego salían los dioses, vestidos cada uno con sus aderezos, como en los altares estaban, vistiendo indios a la mesma manera, y con sus cerbatanas en las manos andaban a tirar a los pájaros fingidos que andaban por los árboles. De donde salía la diosa de las rosas, que era Xochiquetzalli, a recibillos, y los tomaba de las manos y los hacía sentar junto a sí, haciéndoles mucha honra y acatamiento,

---

[3] Id. ib. II, 196 s.

como a tales dioses merecían. Allí les daba rosas y humazos y hacía venir a sus representantes y hacíales dar solaz." No se piense que puramente era el espectáculo de orden sacro. El mismo autor, que pudo ver aun en su primera juventud cuadros tales, nos dice cómo era la representación misma, ya un tanto burlesca: "Traían un indio vestido a la mesma manera de la diosa Xochiquetzalli... a este indio hacían sentar junto a las gradas del templo y poníanle un telar de mujer en las manos, y hacíanle tejer, a la mesma manera que ellas tejen, y el indio fingía que tejía. Mientras él fingía que tejía, bailaban todos los oficiales dichosos, con disfraces de monos, gatos, perros, adives, leones, tigres: un baile de mucho placer, llevando en las manos la insignia cada uno de su oficio: el platero llevaba sus instrumentos; los pintores, sus pinceles y escudillejas de los colores."

Vemos ya, en la misma celebración sagrada, meterse los elementos bufos. Sin pretender paralelos con literaturas de otro rumbo, se puede señalar la misma tendencia que se halla en la primitiva griega y que da origen a la tragedia y a la comedia.

La farsa, tan grata al hombre medio, es un proceso bien testificado en el mismo escritor. A lo grave une el indio lo frívolo, en amoroso consorcio, como el de la vida misma. De Durán espigaremos algunos informes aún. Notable es hallar en tierra de Anáhuac lo que sabemos de la cultura china: "Se introducen indios vestidos como mujeres", o sea que no son los varones los que hacen los papeles femeninos, en las representaciones del drama. Los disfraces ridículos, igualmente, son de normal uso: "Otro baile había de viejos, que con máscara de viejos concorvados se bailaba, que no es poco gracioso y donoso, y de mucha risa." "A su modo, había un baile y canto de truhanes, en el cual introducían un bobo, que fingía entender al revés lo que su amo le mandaba, trastocando las palabras." "Otras veces hacían estos unos bailes, en los cuales se embijaban de negro; otras veces de blanco, otras veces de verde, emplumándose la cabeza y los pies; llevando entre medias algunas mujeres,[4] fingiéndose ellos y ellas borrachos, llevando en las manos cantarillos y tazas, como que iban bebiendo. Todo fingido, para dar placer y solaz a las ciudades, regocijándoles con mil géneros de juegos, que los de los recogimientos,[5] inventaban, de danzas y farsas y entremeses y cantares, de mucho contento."[6]

No hay necesidad, ni es posible en estudio sumario como este, de dar mayor abundancia de testimonios. Basta la información de Durán para que afirmemos la existencia de un teatro, rudimentario y no muy amplio, si queremos, pero no menos real y verdadero. Los antiguos mexicanos no solamente llegaron a la creación de lo que clasificamos en la dramática, sino que de su obra dejaron suficiente huella. Vamos a dar alguna noticia de lo que en este campo puede señalarse como digno de estudio. Aquí, como en otros rumbos, tenemos que acudir al Manuscrito de los Cantares Mexicanos de la Biblioteca Nacional de México. No es una mina fácilmente agotable.

33. *Material conservado.* En notable contraste con lo que nos acontece en la documentación posterior a la Conquista, que nos ha conservado buena cantidad de piezas teatrales, exhumadas en parte por el inolvidable Del Paso y Troncoso,[7] en el campo de la producción dramática de los antiguos mexicanos hallamos escasos testimonios. No tanto, sin embargo,

[4] Probablemente, no mujeres, sino hombres disfrazados.
[5] Es decir, en los establecimientos denominados Calmecac, donde estaban "recogidos" los cantores y compositores de poemas y música.
[6] Durán, II, 233.
[7] Vid. mi *Hist.* II, todo el cap. V, pp. 121 ss.

que no podamos dar una visión de conjunto a esta manera de producción literaria.

La tercera parte del Ms. de la Biblioteca Nacional, llamado Cantares Mexicanos, de que tan abundante uso vamos haciendo en este estudio, está formada por los testimonios de aquella forma de expresión. Varias razones hay para que haya quedado reducida en sus límites y sea fragmentaria, mucho más que la poesía de carácter lírico. Tengamos a la vista las siguientes reflexiones:

1) El poema dramático supone varios interlocutores o actores. Y aunque un solo sujeto podía tener en la memoria el contenido de todo el poema dramático, era muy fácil que supiera bien solamente la parte de su propia intervención. Hubieron de reunir a todos los informantes que redactaban la pieza en letras castellanas. Cosa imposible, dado que muchos habían muerto, estaban ausentes, o no guardaban en su recuerdo la parte que les pudo tocar.

2) Las piezas líricas son breves, más fáciles de conservarse, por consiguiente. Las piezas dramáticas, por muy limitadas que fueran sus dimensiones, tenían que ser mucho mayores que las líricas. No era tan fácil que se conservaran íntegras.

3) El especial intento del recopilador de este manuscrito parece haber sido el de reunir la parte que se cantaba. Esta era de orden más bien melodramática. Quiero decir, tenía mayor semejanza con nuestras obras teatrales del tenor de la ópera o la zarzuela que con las obras propiamente dramáticas en el sentido moderno. No había recitados, sino que todo era más bien acompañado con canto. La más cercana de nuestras producciones literarias de hoy día es el bailete, que reúne en un solo impulso el canto, la música y el baile. Y aun aventuraré la afirmación de que no conocieron los mexicanos otro género dramático. No cosa de admirar, si

pensamos que el mismo teatro griego fue no propiamente declamado, sino modulado en una manera de lo que llamamos en los tiempos modernos "melopeya", o sea un recitado en tono alto acompañado de una suave melodía. El canto gregoriano de las iglesias católicas, o el de las sinagogas judías, son los únicos ejemplos supervivientes de esta manera de expresión melológica,[8] de la antigüedad.

4) En los testimonios conservados es brevísimo el texto y las indicaciones de la música muy abundantes. Una buena parte de estos espectáculos debía irse en la música y el baile sin palabras.

Con estas limitaciones principales y alguna que omito voluntariamente, podemos ahora pasar a un examen de los hechos que nos ha guardado el manuscrito.

La índole del trabajo que estamos presentando no permite más que una relación esquemática y acaso una o dos muestras de este género.

34. *Testimonios*. Una enumeración somera de los poemas de carácter melodramático atestiguados en el manuscrito de los Cantares más que muchas descripciones y razonamientos. A cada poema se podría agregar todo un cuadro introductorio y un comentario que hiciera más viva la percepción. Es claro que no toca a un estudio como este realizar esta empresa. Siguiendo el orden del mismo documento haré una enumeración y sucinta exposición del contenido de cada pieza.

1. Inicia la serie un poema digno de especial estudio. En él se rememora la partida de Quetzalcoatl, pero en una forma que a nosotros nos pareciera incoherente. En el primer tiempo se canta, en efecto, la marcha del rey y sacerdote legendario, y en la segunda una variación total del tema,

---

[8] Este neologismo da la idea de "palabra acompañada de melodía": de *mélos, lógos*, voces griegas.

porque está constituida la parte toda por un himno al nacimiento de Cinteotl. La parte final es una celebración de la poesía en su general trascendencia.[9] Bien vistas las cosas, no hay incoherencia, sino es para nosotros, no capacitados para ver el enlace entre la partida del gran caudillo que llega a la categoría de divinidad y la venida de la civilización fundada en el cultivo del maíz. Torquemada, sin saberlo, nos ha dejado la más precisa explicación de este enlace,[10] Y el origen de la poesía es el mismo que el de la vida. Quetzalcoatl, introductor del cultivo del maíz, don más valioso que los ficticios valores de gemas y plumas; el poeta que canta porque vive y vive por el maíz; tal es el nexo que puede establecerse entre los elementos de este poema mímico.

2. En el segundo poema de tal carácter inserto en nuestro Ms.[11] hallamos la rememoración de un hecho histórico, atestiguado por las fuentes. Los vecinos de Huexotzinco vienen a pedir socorro a Motecuhzoma contra las hostilidades de los tlaxcaltecas. En dos breves tiempos se canta el diálogo entre el embajador y el rey y un monólogo de aquél. Aunque el poema acaso no está completo, es digno de estudio por la particular manera de expresión alambicada y dulzarrona que se pone en los labios del enviado de Huexotzinco y que debe ser un intento de darnos la imitación de la realidad.

3. La muerte de Nezahualcóyotl debió ser un poema de recuerdo y celebración interminable en aquella sociedad cerrada en que todo acontecimiento común tenía tal importancia. Hallamos un poema que celebra esta muerte. En cuatro tiempos se da la materia: Un diálogo entre el rey poeta y un cantor, va seguido por un monólogo del mismo rey sabio, y como tercer tiempo, otro diálogo. En el cuarto y en el

[9] Se halla en Cant. Mex. f. 26 V a 27 V.
[10] Torquemada, *Monarquía*, I, 67.
[11] Cant. Mex. F 27 V a 28 R.

quinto tiempos habla el hijo de Nezahualcóyotl y se termina todo con un poema de clausura.[12]

4. Un lamento de Axayacatl se inicia en la F 29 V del Ms. No sabemos si es el rey de este nombre, o un sobrino suyo. Por lo demás, el canto está incompleto y parece ser una recopilación de poemas menores, más que una representación. Lo incluyo en este recuento por su indicación del rito propio de los cantos acompañados de toque de atabales.

5. Fragmentario es también el poema de Totoquihuatzin,[13] en que hallamos un juego de imitación del canto de las aves, relacionado con el nombre del rey de Tlacopan.

6. Un canto a la Madre de los dioses, con notables alusiones dignas de detenido estudio es el que sigue en la serie. Dos partes lo forman y es uno de los casos en que parece darse la intervención de solamente dos personajes.[14]

7. Varios son los poemas dedicados a la muerte de Tlacahuepan y en ellos hallamos los que han llegado hasta nosotros menos mutilados. Es fácil la explicación, si tenemos en cuenta que son de los menos antiguos y probablemente se hallaban en la memoria de muchos, al hacerse la recopilación de los cantos. La muerte de este príncipe fue entre 1494 y 1496. Y su memoria de grata estimación, muy amada y, lo que diríamos hoy día, muy popular. En el que aquí describo,[15] tenemos tres tiempos: en el primero vemos a Tlacahuepan llegando a la región en que moran los que han sido ya despojados de su cuerpo. En el segundo hace el mismo caudillo el ofrecimiento de su sacrificio y el tercer tiempo se va todo en la celebración de la "guerra florida", que da ocasión a enumerar hechos y conceptos de importancia

[12] Ib. f. 28 V ss.
[13] Ib. F 30 V.
[14] Ib. F. 30 R.
[15] Ib. F. 31 R y V.

para la recta comprensión de los sentimientos de Anáhuac.

8. Un fragmento en que se rememora la llegada a Chapultepec, atestiguada por muchos otros testimonios, y las vicisitudes que allí hubo de sufrir el pueblo que sería un día tenochca.[16]

9. Mucho más importante es el poema que se atribuye al poeta Tececepouhqui,[17] y en el que hallamos una serie de diálogos entre Nezahualpilli y otros poetas, terminado todo el canto con una loa de este rey de Acolhuacan. Este poema se halla dos veces en el Ms. y da señal, con esto, de haber sido muy divulgado.

10. Un poema en que se presenta a Nezahualcóyotl en su venida a Motecuhzoma Ilhuicamina, viejo ya y enfermo también debió ser de especial boga. Dos veces se halla incluido en la colección,[18] y es una serie de diálogos entre ambos reyes.

11. "Canto de guerra huasteco" se titula el poema siguiente que ha de incluirse entre los poemas mímicos. Es uno de los mejor conservados. Para el conocimiento de las modalidades de este género de poesía es de los más valiosos. Se inicia con un diálogo entre un poeta y un grupo de cantores. Luego viene una simbólica batalla entre mexicanos y huastecos. Un bailete en que intervienen mujeres y al fin un canto de Nezahualpilli. La intervención de mujeres, que como se ha dicho deberá entenderse de varones disfrazados de mujer, es notable, porque nos descubre la forma de estos poemas mímicos en que se hace intervenir a la mujer, como representante de la Coatlicue, madre y esposa a un tiempo del dios de la guerra y comparte del numen universal.[19]

[16] Ib. F. 31 V.
[17] Ib. F. 36 R y 55 V.
[18] Ib. F. 66 V y F. 63 V.
[19] Ib. F. 65 R.

12 y 13. Estos poemas pueden asimilarse más bien a una recolección de cantos breves, en que varios poetas dan su pensamiento en una manera de concurso de cantores, al tenor del que vemos atestiguado para la casa del rey Tecayehuatzin de Huexotzinco. La parte dramática estará acaso en la pura alternancia de los que cantan. De hecho, las muestras son más bien de tenor lírico.[20]

14. A un poeta Teoxinmac se atribuye un canto que se llama en el Ms. "Canto Chichimeca".[21] De hecho es un poema a la muerte de Tlacahuepan y está constituido por un diálogo entre el príncipe y el coro de cantores, y por una serie de breves poemas de comentario, que tienen importancia para la expresión de los sentimientos y para ciertas modalidades de estilo.

15. Canto de los viejos, en recordación de la guerra de Axayácatl contra los michoacanos. Guerra que, como es sabido por todos los testimonios terminó en derrota. Lo propio de este poema está en que intervienen viejos y afectan el modo y la expresión de tales. Las partes del canto son: Coro de viejos. Canto dialogado entre un capitán y el mismo rey Axayácatl, Monólogo de este rey. Diálogo del mismo con los viejos.[22]

16. Este poema que se denomina "Canto de Tórtolas", es de los que merecen mayor atención. Siete partes, o tiempos de baile, constituyen su integridad. Se inicia con el canto preludial de un poeta. Siguen dos "ahuianime"[23] en su

[20] Ib. F. 67 R y 68 R.
[21] Ib. F. 69 V.
[22] Ib. F. 73 V.
[23] "Ahuiani", "quien da placer" "quien toma placer", pl. "ahuianime". Es el nombre dado a las mujeres sostenidas por el Estado para el placer de los guerreros en tiempos de paz, y que eran además compañeras de los bailes y algunas otras actividades. Es una institución no estudiada por completo, aunque hay muchos elementos para hacerlo en la documentación conservada.

diálogo, ni tan escabroso, ni tan poco que no se adivine su oficio y calidad; va en seguida un coloquio de príncipes. Al cual sucede un diálogo entre un príncipe y una "ahuiani". Otro diálogo de dos de ellas. Un diálogo de los músicos, y un nuevo diálogo de "ahuianime".[24]

17. Cierra la serie un poema mutilado, que por lo visto era análogo al anterior, pero está ya contaminado con ideas cristianas y solamente le damos una mención aquí.[25]

35. *Valoración*. Hecho este recuento de las piezas que hallamos en el manuscrito, cumple dar una visión de conjunto y una cierta apreciación de la forma y modalidad de éste.

No hay en el fondo una trama, un nudo que se prepara, se complica y se desenlaza, como en la dramática griega y en cierto límite también en la indostánica. Cuadros, más bien, de la vida real, que ni siquiera pueden asimilarse a los de los griegos de la época de Herondas, o a los entremeses de Cervantes y otros autores similares. Son siluetas aisladas, cuadros fugitivos, en los que el tenor lírico tiene mayor vigencia que la vitalidad del diálogo. Si no olvidamos que estas piezas se compusieron para la danza, para la música, para el canto interminable y monótonamente repetido, no será posible captar la importancia que tienen para la producción de aquellos poetas. No podemos exagerar dando valor que no tienen. Pero, en su campo y en su medio, son dignos de la fuerza y de la tendencia hacia una manera de expresión que iba a dar el sentido de la realidad mexicana. Cantos semidramáticos, semilíricos, dan la tónica de aquella sociedad. Interminablemente en sus danzas se desenvuelve. En las danzas canta y baila. El baile, el canto y la letra son elementos de una unidad única. Todos ellos tratan de dar la noción

[24] Cant. Mex. F. 74 V.
[25] Ib. F. 77 V.

de un mundo que vive bajo el imperio de los númenes. De una sociedad cuyo único fin es hacer vivir al mundo. La idea religiosa impuesta como mole sobre todo. Tal es el resultado que da el análisis. Pero podemos bajar a consideraciones más concretas.

No hay que pedir en poemas de esta clase ni la pintura exacta de las personas, o "personajes", como llamamos a los ejecutores de la acción dramática, ni el desarrollo de un carácter. Lo nebuloso de la técnica y su condicionamiento al baile y al canto hacen que haya siempre algo de impreciso y el predominio del elemento lírico da una exaltación que no es la normal en la vida. Por esta razón este género de poemas representativos es menos comparable a los verdaderos dramas del teatro moderno. No es posible hallar rasgos tan bien definidos como podemos tener en los Autos de Calderón, a pesar de su índole simbólica, y ni siquiera en las Tragedias de Esquilo, que en su atmósfera sacra y predominada por el destino, dan sin embargo la silueta de lo humano, con la plena manifestación de los caracteres personales.

Oscilando entre la pura exhalación de los sentimientos y la dibujada precisión de los hechos debe considerarse este modo de producción. La escasez misma de elementos hace que la imaginación haya de suplir el medio de la representación. Naturalmente en los testimonios escritos no halla el lector ni la mínima indicación tocante al escenario, los movimientos de los personajes, etc. Pero debe tenerse en cuenta que eso mismo nos acontece en los dramas griegos y aun en los de Shakespeare, para llegar a los días modernos. La división de cuadros, la entrada o salida de personas, la división de tiempos teatrales se deben más a los comentadores, a los editores y a los actores mismos que a los autores de los poemas en su tenor primitivo.

En un trabajo de índole sumaria como es este no es posible ni necesario descender a mayores precisiones. Para dar la total impresión de este género, no pudiendo insertar muchos ejemplos, me limitaré a dar uno con sus adiciones y sus interpretaciones, que naturalmente en parte tienen que ser producto de la imaginación, aunque con fundamento en los textos. Con este ejemplo cerraré el capítulo.

36. *Ejemplo de drama lírico.* Tomaré uno de los que parecen mejor conservados y con tipo diferente haré que se distingan los aditamentos del comentario de los textos mismos, que van en el tipo normal de este libro.

Poema a la muerte de Tlacahuepan y celebración de la guerra santa (Ms. Cant. Mex. F 69 V y ss.).

En el escenario del baile aparecen el poeta, Teoxinmac y el rey Motecuhzoma. Los poemas líricos son como introducción al canto general.

Poeta. En el estrado floreciente de los caballeros águilas Teoxinmac con sus flores circunda este su bello canto.

Príncipe mío, chichimeca Motecuhzoma,
¿Acaso ahora están en fila allá en el reino de los muertos?
¿Acaso lloran en la escalera de esmeralda al borde del agua
[divina?
Hay macollar de esmeraldas, hay retoñar de plumas de
[quetzal.
Abren las flores de oro su corola en tu casa.
Príncipe mío, chichimeca Motecuhzoma,
¿Acaso ahora están en fila allá en el reino de los muertos?
¿Acaso lloran en la escalera de esmeralda al borde del agua
[divina?

El poeta se vuelve al pueblo y dice:

De este modo recordad, hacer memoria de donde está el muro del camino, de Acapechocan, donde revolaban los adornos zorzales de pluma de quetzal.

Allí, a la falda del Matlalcueye: ¡allí fue el desolador infortunio, allí fue el lloro por los príncipes chichimecas!

Canta el rey Motecuhzoma este breve canto enigmático:
¡Si de este modo nací, si de este modo fui hombre,
yo el chichimeca Motecuhzoma!
Con mi perforador de cacto, con la lluvia de mis dardos [alados,
con mis blancas pulseras...!

(Interpretación: Sólo llega el guerrero a ser hombre por sus armas tales como la espada, los dardos, las pulseras que refuerzan su brazo; No hay por qué dolerse de los que mueren en guerra.)

Poeta. Inicia una nueva serie de cantos para dar respuesta al rey:
¿Es acaso verdad que nada llega a ser nuestro precio?
¡No se requieren más que flores olientes, esas se ambicionan!
¡Hay una muerte de agua floreciente, hay una muerte de [delicias,
oh Tlacahuepan, oh Ixtlilcuechahuac!

Sigue un baile con canto sin palabras, solamente con exclamaciones vocálicas: Ayahue, ayyao, ohaya, etc.

¡Ya bien el Aguila blanca se tiñe de humo,
Ya el ave quetzal, ya la guacamaya
se tiñeron de humo dentro del cielo,
oh Tlacahuepan, oh Ixtlilcuechahuac!

Otro intermedio de canto con exclamaciones vocálicas.

(Interpretación: Los dos guerreros que se hacen valer por su muerte en la guerra se convierten en aves preciosas, uno en quetzal, otro en guacamaya, como es normal en los muertos en guerra. La alusión al humo se comprende, si recordamos el mito de la creación del quinto sol, en que entran al fuego dos de los dioses, para convertirse en sol y con ellos el águila y el tigre, tipo y símbolo de los guerreros.)

Aparecen los dos héroes nombrados y el coro de cantores dialoga brevemente:
Coro. ¿A dónde vais, a dónde vais?
Héroes. ¡A la guerra, al agua divina
donde a los hombres tiñe
nuestra madre la Mariposa de obsidiana,
en el campo de batalla!
Coro. Se eleva el polvo, dentro del agua de la hoguera.
sufre el corazón del dios Camaxtli.
Oh Matlacuiyetzin, oh Macuilmalinaltzin:
la batalla es como una flor: en vuestras manos va a
[ser colocada.
¡Ya está colocada!

Sigue un intermedio de música y concluye el poeta que hace como relator comentarista, dando fin al Primer Tiempo del Melodrama:

¿A dónde iremos que muerte no haya?
¡Llora por ello mi corazón!
—Tened esfuerzo: nadie vivirá aquí!
¡Aun los príncipes para morir vienen!
¡Destruído está mi corazón!
—Tened esfuerzo: nadie vivirá aquí!

Hemos propuesto apenas el primer tiempo o paso de este bailete. Y el modo filosófico con que termina nos da indicio del carácter de la obrita en su conjunto. Como es fácil de ver, los procedimientos son sencillos en extremo, pero si revivimos con la fantasía los ropajes, la música, los giros de la danza, el asombro y entusiasmo hierático de la multitud que especta, podremos acercarnos a la emoción honda y humana del conjunto.

Como no es posible insertar todo el poema lírico-dramático, que está constituido por tres tiempos, haré un resumen del segundo y daré una parte del tercero únicamente.

·37. *Segundo tiempo.* Está formado por un diálogo en que vuelve el poeta a alternar con el rey Motecuhzoma. El poeta hace un elogio de la ciudad y de modo muy metafórico canta la grandeza de la guerra, como medio de lograr víctimas para las aras del sol. En este segundo tiempo se introduce un grupo de otomíes que vienen a ser los contrincantes de los guerreros mexicas.

Tercer tiempo. Se alejan los príncipes y los enemigos se van también. Tres poetas con sendos poemas terminan la representación dando lo que diríamos ser la moraleja de toda ella.

Poeta 1. Se fueron ya, se fuerron ya con el buitre otomí.
   Ya nadie lo verá, ya nadie oirá su palabra otomí.
   Solamente nosotros la hemos forjado!
   ¡Del rey Axayácatl jamás cesarán de brotar las
   [plumas:
   Se estarán produciendo finas esmeraldas,
   tendrán siempre incremento las raíces de sus joyeles.
   Ya nadie lo verá, ya nadie oirá su palabra otomí.
   Solamente nosotros la hemos forjado!

(*Interpretación:* Los hijos de Axayácatl —como fueron los héroes celebrados arriba— nunca cesarán de ser famosos. se simbolizan según el estilo náhuatl por las "plumas finas", las "esmeraldas" y "la raíz de los joyeles.")

Poeta 2. En mi canto siento amargura,
   ¿Acaso así elevo mi canto?
   ¡No sea así: rehaced vuestro corazón:
   yo soy otomí!
       Allí está en pie:
       Puede alzar su bello canto,

puede recoger flores y su sonaja:
gozaos aquí.
Yo soy otomí.

(Oscuro este poema parece dar la idea de que se celebra al héroe que se fue de este mundo, pero puede seguir cantando en la casa del sol.)

Poeta 3. Yo sufro entre flores: mi canto nada es:
soy cual ardilla que al cerro trepa.
Felices son mis amigos.
Dicen que el corazón de ellos es cual pintura.
constelada de esmeraldas.
A ellos deseo pero ha cesado su canto,
son los hombres de Zotola.
Dicen que el corazón de ellos es cual pintura
constelada de esmeraldas.

Es como un sencillo poema de clausura. El poeta encomia a los demás y se siente feliz.

El análisis que se ha hecho de este poema podría hacerse de cada uno de los arriba catalogados. No es este el sitio de tal empresa. Creo que la serie de consideraciones que he hecho acerca de la producción que con más o menos propiedad he denominado dramática nos dará alguna luz acerca de sus características y el ejemplo que hemos propuesto, a pesar de su oscuridad y de la rareza de sus conceptos nos acabará de interesar en uno de los aspectos de la literatura náhuatl más peculiar, aunque desgraciadamente menos conocido, por la poca cantidad de hechos conservados en las fuentes de nuestra información. Con las limitaciones que se quiera, y con la necesaria imperfección, que es segura para la etapa de su existencia, tenemos derecho de hablar de una poesía teatral entre los antiguos mexicanos.

SEGUNDA PARTE

PRODUCCION EN PROSA

Histórica · Didáctica · Imaginativa

Capítulo Quinto

LA PRODUCCION EN PROSA

38. *Generalidades*. Aunque la división de los escritos en prosa y en verso puede considerarse como arbitraria, nos ajustamos a las normas comunes en favor de la claridad de comprensión. Por lo que toca a la producción literaria de los nahuas tiene especiales aspectos que considerar esta división. Los apuntaré brevemente.

El ritmo o medida suele ser dado como primer criterio para distinguir la prosa de la poesía. Y ciertamente, en cuanto a la segunda se refiere, el bailar y el cantar los poemas les impone medida. En los productos literarios que no son para bailarse hay otra razón para buscar una medida y sumisión al ritmo: la ayuda a la memoria, que por fenómeno psíquico bien conocido, se apoya mejor en frases sujetas a cierta correlación de medida y de sonido recurrente en sus miembros. Tenemos en todas las lenguas el caso de los refranes o proverbios. Se tiende a dar verdaderos versos y aun a buscar la rima. Recordemos, por ejemplo, los dichos castellanos: "más hace el que Dios ayuda, que el que mucho madruga". Tenemos la asonancia de los finales, y tenemos la forma verbal colocada al fin igualmente. De este tipo hay miles en la lengua. En este otro ejemplo "Ni moza divina, ni vieja ladina", o "No mujer de otro, ni coz de potro", tenemos la perfecta consonancia en el final. Algunas veces la semejanza es más bien en el orden de las ideas y no en el de la expresión verbal. Abundan los modelos: "Quien mucho vino cena, poco pan almuerza". Hallamos la contraposición en el concepto y no en la palabra, aunque la asonancia tiene su intervención.

Son los refranes meollo de literatura. Abajo tendré ocasión de examinar algunos de la producción náhuatl, recogidos, aquí como tanto más, en la documentación de Sahagún.[1]

Fuera de los refranes, o modos paremísticos de hablar, tenemos la medida de frases en las recomendaciones morales o sociales.

En las *Pláticas de los Viejos,* de que hablaré abajo, lo mismo que en las Arengas o Discursos que se sabían de memoria, hallamos una norma de expresión que no puede estudiarse aquí con toda minucia. Los fragmentos citados después darán idea de lo que se dice.

Otro de los caracteres de la producción poética, que es el uso de imágenes y modos metafóricos de expresión, se halla también guardado por la colección de Discursos y temas oratorios, o didácticos que forman el tesoro de lo que llamaríamos prosa náhuatl. Es que la imagen contribuye a la persistencia en la memoria, tanto como el metro.

Finalmente, la exaltación y entusiasmo de la frase, su insistencia y su ardor si pueden darse como medios de expresión poética, se hallarán, igualmente en la prosa.

En un estudio de tenor puramente científico y no informativo como es el presente, se harían resaltar las semejanzas de prosa y verso en náhuatl y tal vez se definiera que no hay que hacer tales divisiones. Nos limitamos a señalar el hecho y, antes de bajar a algunos ejemplos analizados, diremos algo sobre la diversa clase de producción.

---

[1] *Vid.* el Libro VI y las adiciones que se le hicieron en la edición preparada por mí, 1956, Tomo II, pp. 241 ss.

39. *Clases de obras de prosa.* A tres campos podemos reducir la producción literaria que hemos podido deducir de los documentos. El primero, de la mayor importancia, es la prosa histórica. Abajo daremos pormenores sobre su naturaleza y modalidades. Baste por ahora decir que es la más abundante. Adoradores del tiempo los antiguos nahuas, nada más natural que trataran de guardar la memoria de los hechos en él transcurridos. La producción de carácter histórico, en la esfera que será definida abajo, es ciertamente acaso la máxima de aquellos tiempos. La máxima ciertamente de la que ha llegado hasta nosotros.

A la historia sigue la oratoria. Los mexicanos de aquella cultura eran sumamente locuaces, si no los queremos llamar elocuentes. Tenemos un abundante acervo de sus producciones y nos dan material interminable para la determinación de sus modos e índole. Haremos el conato de emprender esta definición en el capítulo dedicado a ella.

Enlazada con la forma oratoria está la parte de mayor dignidad. Me refiero a la serie de instrucciones sistemáticas que llevaban en la misma designación que se les daba toda la historia de ellas y su naturaleza misma. *Huehuetlatolli,* a veces traducido por "pláticas antiguas", debe ser entendido exactamente como "discursos de los viejos". Eran repertorios consignados a la memoria y acaso con alguna forma de ayuda gráfica, aunque no hallamos muchos indicios de ella, en que se recogía y guardaba para irse trasmitiendo a los jóvenes la sabiduría de la vida humana y las formas que la sociedad iba hallando para la convivencia con los demás. Es la parte más original ciertamente, que al lado de los Cantares da la verdadera muestra del pensamiento y de la expresión idiomática.

A estos tres campos bien definidos podremos agregar algunos conatos de relación más bien novelesca. Incorporados a los relatos históricos, dan también una buena manifestación de la mentalidad de los compositores y del pueblo para quien se elaboraban. No estudiados estos vestigios en su totalidad con la minucia debida, habrán de dar sorpresas aun en el puro campo de la invención fabulosa.

En resumen: la producción prosaica es variada y abundante y un ensayo de su examen que va a hacerse abajo nos dará idea de lo que fue la que llamaríamos, a falta de otro término más exacto, literatura no poética.

40. *Ejemplos de la construcción de la prosa.* Cerraré este capítulo presentando algunas muestras, de necesidad breves, dada la índole de este trabajo, de la forma de construcción y ritmo, tanto de palabra como de pensamiento, que hallamos en la prosa náhuatl, principalmente didáctica y oratoria. Aquí será indispensable algunas veces citar el texto original del mismo.

He aquí la forma en que el padre de rango principesco amonesta a sus hijos, para formarlos en el proceder humano. El fragmento está tomado del Cap. XVII del Libro VI de Sahagún.[2]

"Segunda recomendación:
Vive en paz con los demás:
No seas mentecato, no seas apresurado:
para todo el mundo tu respeto, tu acatamiento.

Con nada demuestres desprecio, desdén a las personas, y tampoco estés en nada contrario y opuesto a ellas.

No te constituyas en sábelo todo: que se diga de ti lo que se dijere.

No aunque te halles en peligro de arruinarte, como quiera que perezcas, no des a la gente el mismo pago. (e. d. No te vengues.)

No seas cual culebra, no te hagas el resabido.

[2] El texto original, en el Ms. de Florencia, Lib. VI F. 73 V.

No te arrojes contra nadie, no te dejes llevar del viento contra las personas, antes bien atráelas a ti, que con halagos se acerquen a ti."

Como es fácil advertir, la misma forma negativa e imperativa se repite en todas las frases. La disposición de estas se funda en una contraposición de ideas, y la tendencia a la duplicación de conceptos que llamo difrasismo es la pauta en que corre el pensamiento. Medios todos mnemotécnicos que hacían fácil guardar en la memoria el contenido. Y debe tenerse presente que en la versión, por cuidadosa que sea, es imposible mantener el ritmo, la semejanza de los vocablos y el corte mismo de las frases, que hacen una forma impresionante que se grababa en la mente de los niños y jóvenes para siempre.

Del mismo riquísimo repertorio de Sahagún tomaré otra muestra, y sea el principio de la exhortación del mismo rey a su hija cuando ha llegado a la edad de la discreción:[3]

"Ahora ya te das cuenta de las cosas, ya ves cómo son.
En que forma aquí no se tiene placer, no se gusta felicidad.
Se sufre, se tienen penas, hay cansancio. De ahí nace y se ensancha el dolor, la pena.
No es lugar de bienestar la tierra:
no hay alegría, no hay dicha. Solamente suele decirse que en la tierra se goza entre dolor, se tiene alegría entre tormento."

Este fragmento en su lengua nativa nos dará la idea de la forma estilística de la prosa didáctica:

A yeccan in tlalticpac amo pacoia amo vellamachoia.
Zan mitoa ciauhca pacoia chichinaca pacoia in tlalticpac.

[3] *Ibid.* Cap. XVIII, Ms. de Florencia, F. 75 R.

La misma técnica de estilo y los mismos procedimientos para hacer mella en la memoria requeridos para que ésta guarde sus tesoros.

No es posible hacer más pesada la exposición con ejemplos. Los alegados serán bastantes para dar la necesaria idea de la forma redactiva de la prosa náhuatl.

Algunas características propias de la historia tendrán su lugar mejor cuando hagamos la exposición de los diversos procedimientos de ella.

41. *Calidad y cantidad.* No es posible dejar de resumir por anticipado la importancia que tienen los productos literarios en prosa. Si miramos a la abundancia, diremos que solamente los documentos conocidos dan material para varios tomos no de escaso volumen. La breve noticia que se ha dado ya acerca de las fuentes hace ver que no es escasa la suma de textos que de aquella etapa de cultura han llegado hasta nosotros. Y en cada uno de los capítulos que dedico a la revisión de los géneros indicados procuraré aumentar la información. Por lo que toca a la calidad, fuera de su valor informativo propiamente histórico, o psicológico, según el caso, existe el de la expresión literaria, no despreciable ciertamente, si no antes en muchos temas digna de ser conocida. Para la historia de las ideas son muy valiosos los documentos que guardan la producción didáctica y oratoria, pero en la mira en que nos colocamos, que es la literaria, ofrecen un campo de examen gustoso y de no pocas enseñanzas.

Capítulo Sexto

LA PRODUCCION HISTORICA

42. *Su importancia.* No hay un pueblo que pueda compararse al antiguo complejo de América Media en el culto y adoración del tiempo. El mismo dios del fuego fue dios del año, que en términos modernos dijéramos del siglo. El tiempo es como la coordenada necesaria para la marcha de la cultura en los pueblos que hablaron náhuatl y aun en otros que, si no estuvieron sometidos a su dominio, sí fueron dominados por el influjo de conceptos y normas que venían de muy atrás, pero se plasmaron en la forma cultural que la conquista española destruyó.

Era natural que la fijación de los hechos acaecidos en el tiempo constituyera una preocupación de aquellos pueblos. De este instinto y empeño nace una obra paralela: por una parte, en modo primitivo, aunque ya muy complicado, de la representación figurativa nacieron miles de documentos que dejaban a la posteridad la memoria de lo que había sucedido en el mundo. No en piedra, como fue en Yucatán, sino en papel de fécula de árbol, tan endeble como el papiro, pero con suerte más infausta, por el clima en que nace, elaboraron los antiguos toda una cadena de monumentos históricos. Los destruyeron el tiempo o los hombres. Aquél, ignorante de que se le daba culto en estos papeles; éste, ignorante de lo que valía para el hombre del futuro la recopilación de hechos del hombre del pasado.

Exagera ciertamente Ixtlilxóchitl llevado de su prurito de enaltecer a sus abuelos, cuando nos describe todo un conjunto de sabios dedicados a la escritura de la historia y una compleja colaboración de sus elementos. Pero, en medio de sus hipérboles dice la verdad. Reducida a sus justos límites nos da en claro los siguientes hechos:

Había personas dedicadas en Tezcoco —ha de decirse lo mismo de Tenochtitlan y de Tlaxcala, o alguna otra región en que la economía daba para sostener a esta clase de gente, sustraída a la producción económica directa— a redactar los Anales, o sea, la consignación de hechos englobados cada año. Las efemérides modernas son eco apenas de tendencia como esta.

Había, en seguida, los genealogistas, que anotaban las personas, sus nacimientos y defunciones. Claro es que, como en todo el mundo es común, se trataba de las personas de importancia, reyes, generales, magnates que hubieran intervenido en el reino en forma directa y eficaz. Buena muestra de este género de historia tenemos en la *Crónica Mexicáyotl,* redactada por un descendiente de la casa real de Tenochtitlan y que tan valiosas noticias nos da de todas las personas reales relacionadas con el trono.[1]

Había, dice Ixtlilxóchitl, a quien vamos siguiendo en este resumen, personas que tenían el cuidado "de las pinturas de los términos, límites y mojoneras de las ciudades, provincias, pueblos y lugares, y de las suertes y repartimientos de las tierras: cuyas eran y a quién pertenecían".

Con esta clase de recordatorios gráficos relaciona el cronista de Tezcoco los libros de los ritos y leyes culturales, el elenco de los sacerdotes, la nómina de los templos, la relación de las fiestas, etc.

---

[1] Este libro se debe a don Fernando Alvarado Tezozómoc, descendiente de la familia reinante en Tenochtitlan. Se dio a la prensa el texto y versión de A. León, por la Universidad Autónoma de México, 1945.

Agrega aún a los "filósofos y sabios", que redactaban en sus imperfectos sistemas la adquisición de sus disciplinas.

Aun rebajando mucho, tenemos un cuadro maravilloso de lo que fue la fiebre de redacción escrita en la vieja cultura nahuatlaca. Lo que de Tezcoco se dice, en su medida y tenor, ha de decirse de Tenochtitlan y de Tlacopan.[2]

No era por cierto aquella una sociedad ni descuidada, ni cerrada a la marcha de la cultura, en el modo y grado que ésta ha de concebirse. La importancia de los Anales y Libros de relación personal que se atesoraron en aquella etapa queda defraudada, cuando sabemos que los frailes sin criterio y el mismo humanista Zumárraga hicieron que el fuego consumiera el cúmulo valioso de aquella riqueza. No hay por qué ser, sin embargo, muy lamentativos: los tlaxcaltecas habían quemado en 1520 las bibliotecas de Tezcoco.[3]

No fue tan escaso lo que escapó a incendios intencionales y destrucciones que impone toda conquista: hay abundancia de documentos históricos que se redactaron a vista de tales pinturas antiguas. Y la etapa prehispánica puede conocerse gracias a esta manera de trabajos.

Es evidente que la imperfección de la manera de representación gráfica hace que los documentos sean mudos para quien no conoce la clave. Como varias veces se ha dicho ya, la escritura de los antiguos mexicanos era más bien un conjunto de signos de fijación mnemotécnica que exigía la declaración verbal. Se hacía ésta en los colegios de cultura que eran los que conocemos con el nombre un tanto vago de Calmécac. Fuera de declarar el significado de las figuras, había la recitación amplia de largas composiciones, en metro algu-

[2] Se halla esta relación de Ixtlilxóchitl en sus Obras, II, 17 ss.
[3] Juan de Pomar, Relación, ap. Nueva Col. de Doc. para la Historia, reimpr. 1944, p. 3 s. También Ixtlilxóchitl. Edición nueva en 1963. Vid. *Bibliografía*.

nas, que declaraban y suplían con datos que la escritura no podía fijar.

Es fácil percibir que la pura representación gráfica de los documentos históricos nada tienen que ver directamente con la literatura. Esta cobra sus fueros en las relaciones de comentario, o de suplementación que acompañaban en el Calmécac la exégesis de los documentos escritos. Allí sí tenemos un abundante material de carácter literario. Es el único que aquí tomaremos en cuenta, dada la índole de este estudio.

He dado en mi Historia,[4] noticias y ejemplos de varios documentos mixtos de declaración de Anales y de inserción de Sagas. Voy a agregar ahora una breve exposición de un documento famoso, que da buena muestra de lo que pudo ser la conservación de la historia entre los antiguos mexicanos. Me refiero al que llaman *Códice Aubin*, por uno de sus poseedores.[5]

En este documento se unen anales y Sagas. Son estos relatos, más o menos largos, que ilustran la referencia dada en el dibujo recordatorio. Es en ellas donde hallamos la forma de redactar historia por los antiguos que hablaron náhuatl.

Se inicia con una pintura del calendario, y da la clave de su inteligencia. Sigue con la representación del legendario Aztlan, de donde se dice haber procedido los aztecas. Ya en marcha, después de un parlamento en Colhuacan, viene la enumeración de los lugares en que se van estableciendo por algún tiempo los mexicas. Es en esta parte donde se insertan hechos en relación, ya no sometidos a la pura figuración de año, persona y lugar. Voy a insertar uno solo como ejemplo suficiente.

[4] Vid. Tomo I, cap. IX. pp. 449 ss.
[5] Publ. por Peñafiel, y conservado en el Ms. Británico, con otra copia en Berlín.

En el año 1-Pedernal, que es en correlación común el de 1168 de la era que corre, salen de Colhuacan, en las cercanías de la remota Aztlan. Llegan al pie de un enorme árbol, alto y corpulento y es donde ya la figura nada dice, pero lo suple la relación verbal:

"Cuando iban a comer luego el árbol sobre ellos se quebró: dejaron lo que comían y se pusieron lejos, llenos de terror. Entonces el dios los llama y les dice:

—Decid a los ocho grupos tribales que van con vosotros: Ya no iremos adelante; de aquí nos regresaremos...

Los ocho grupos dijeron muy llenos de tristeza:

—Señores... ¿a dónde iremos pues a vosotros acompaña la multitud?

Y los otros respondieron:

—No, sino tenéis que iros...

Entonces se pusieron en marcha los ocho grupos, mientras los aztecas permanecían allá lejos en espectativa." [6]

Es la forma familiar a un tiempo y no sin aliento épico con que se van insertando estas agregaciones verbales, que debieron ser sumamente abundantes. Muy más tarde, ya en pleno siglo XVI, los estudiantes de Tlatelolco que habían logrado asimilar muchos modos de la cultura de Occidente, no por eso dejaron de recoger para sus magnos repertorios largos relatos, poemas a veces, en que guardaron la primitiva y bella expresión de sus antepasados. De esta producción voy a dar ligera noticia, con algunas anotaciones y muestras.

43. *Ciclos histórico-literarios.* Es innecesario advertir que todos los documentos que vamos a examinar corresponden a la etapa posterior a la conquista española, si tenemos en cuenta su elaboración. El más antiguo que se conoce, fechado en su parte principal en 1528, inicia una serie que ni

[6] O. c. p. 25.

siquiera ha sido dada a conocer en su totalidad. Pero si la redacción es de la época hispánica, los materiales propiamente literarios provienen de la etapa anterior a la conquista y aquí volvemos a ver realizada la forma general de conservación de esta producción literaria: de la memoria de los hombres pasa a la muerta vida de los papeles escritos, cuando el alfabeto ha logrado convertirse en un medio más eficaz y duradero del pensamiento. Tenemos en los documentos, con todas las glosas y adiciones que se pretenda de los redactores mismos, un auténtico testimonio de obras de otra época, genuinamente originales en el sentido de que los que nos los proponen no hacen más que recoger y poner por escrito.

Hecha esta advertencia, podemos señalar tres grupos bien definidos de documentos literarios que nos dan el reflejo de la mentalidad náhuatl en su elaboración de la historia:

i) Un ciclo de manuscritos que narran las emigraciones y conquistas iniciales de los pueblos de habla náhual, en su llegada e instalación en el territorio que ocupaba al advenir la conquista hispana.

ii) Un ciclo que recoge hechos y hazañas de los pueblos ya establecidos y en curso de cimentación nacional.

iii) Un ciclo en que se conserva la producción que refleja los conflictos de la conquista española con los pueblos nativos. Pertenece de lleno a esta literatura, no solamente por hallarse redactado en la lengua de los antiguos mexicanos, sino también porque los hechos pertenecen a la historia de ellos y porque el modo y tenor de la concepción y expresión es netamente indígena.

Solamente por vía de inventario y de material de cotejo podrán mencionarse los escritos en lengua castellana redactados por indios o mestizos y fundados en documentos indios que, o perecieron o no son conocidos hasta hoy.

Hay otras obras que pueden abarcar diversos aspectos y se resisten a una clasificación tan precisa. Son los conatos de una "historia general" de la antigüedad nahuatlaca, que, no sin influjo europeo, intentan dar una visión de conjunto de todos los tiempos y de todos los pueblos. Los mejores ejemplos de este género son, en lengua española, las obras de Ixtlilxóchitl, tanto la primaria y propiamente suya, que es la *Historia Chichimeca,* como las preparaciones que la precedieron y que son en su general extensión versión y arreglo de documentos indianos. Habrá que mencionar al menos, con leve atención a su contenido, esta obra. En lengua indiana hay una obra similar, en la cual se pretende hallar la mano de este tezcocano, que ciertamente en un tiempo poseyó el manusrito, pero que es de mayor antigüedad y valor. Totalmente redactada en lengua náhuatl es, no solamente un venero inagotable de datos históricos, sino una verdadera antología de textos literarios. Esta obra es el manuscrito llamado, sin mucha propiedad *Anales de Cuauhtitlan,* parte de un valioso repertorio, apodado igualmente sin razón bastante *Códice Chimalpopoca.* A este escrito daremos también importancia en este examen somero de la literatura histórica.

Secciones de la recopilación documental de Sahagún pueden ser incluidas en este examen. Lo haremos someramente, aunque algunas se liberen de la historia seca de los hechos nacionales, para entrar en la historia de las instituciones mismas. Nos bastará dar un solo ejemplo de esta manera de producción que podremos llamar, al son del día presente, más bien etnográfica, pero que tiene valor literario propiamente tal, no solamente por sus calidades de expresión, sino por la gran parte que la imaginación se toma en ella.

44. *Ciclo de migraciones.* Escogeré la famosa Historia

Tolteca-Chichimeca, como la llamó el que la salvó de la ruina final.[7] Redactado en su forma presente hacia el 1540, conserva textos de antigüedad que podemos llamar remota. Como es ordinario en este género de documentos históricos del México náhuatl prehispánico, consta de Anales y glosas breves, por una parte; de relatos y poemas heroicos, insertos en el documento, junto a la fecha y a la mención escueta del hecho en ella verificado, por otra. De los Anales no hay por qué hacer atención: nos limitamos a un examen de los relatos, en que se muestra la forma de hacer historia literaria entre los antiguos mexicanos.

Al principio hallamos ya un lindo ejemplo de lo que eran estas relaciones orales en labios de los maestros y discípulos del Calmécac. Después de poner al año-2-Casa, que corresponde al 1117 a.D según los peritos, la mención de que de esta fecha comienzan los conflictos entre los habitantes de Tula y los advenedizos probablemente chichimecas. Un niño abandonado en solitaria tierra, que los moradores de Tula toman y prohijan, pero que se hará la raíz de su ruina. Torquemada, que ha resumido el relato, en forma deficiente,[8] o inspirado en fuentes que no perdurarán, da un sabor de leyenda que queda lejos del original. De este voy a dar un resumen solamente y algún pequeño fragmento, dada la índole de este estudio. Ya desde el principio el autor del relato da su propia visión impresionante:

"No hicieron más que ver al niño los toltecas y al momento lo recogieron. Los toltecas lo criaron, lo educaron... ¡Fue en verdad una dádiva de Tezcatlipoca![9] El sólo fue

---

[7] Boturini rescató de la pérdida este Ms. que publica en rep. facsimilar Mengin, en Copenague, 1942.

[8] *Monarquía Indiana*, I, 254 ss.

[9] Juega con el nombre que parece derivar de *nemactli*, "ofrenda". Sería *inemac* por *huemac*.

una artimaña para que se dispersaran, para que se enemistaran los toltecas que llegaban salvajes, con los que ya estaban residentes...!"
Prosigue narrando cómo "cuando ya es un doncel el niño" les manda hacer habitaciones y dar servicio en ellas. Se plegaron a sus deseos. Lo que sigue, aun con sus rasgos de ligereza, merece ser conocido, aun para dar muestra del modo de pensar antiguo, que los historiadores guardan.

"Luego les pide mujeres. Les dice a los habitantes de asiento: —Me tenéis que dar mujeres. Yo os mando que ellas sean de caderas tan anchas que midan cuatro jemes." Ellos dijeron: —¡Sea así: las buscaremos... ¿En dónde hemos de hallar mujeres que tengan cuatro jemes de caderas?

Vinieron luego a entregarle cuatro mujeres: pero no las aceptó: no eran de las dimensiones tan grandes como él había fijado en medida.

Dijo a los habitantes de Tula: No es lo que yo quiero esto: no llegan a cuatro jemes. Más grandes las quiero de caderas... Con lo cual se fueron muy enojados los de Nonohualco.[10]

Entonces se las llevaron. Las envolvieron en mantas y se fueron enojados. Iban diciendo: —¿Quién es él? De nosotros se burla... ¿será por sugestión de los toltecas? Bueno... haremos la guerra... ¿dónde habríamos de lograr lo que él nos pide?

Al momento se disponen a la guerra, toman saetas y escudos."[11]

Prosigue el relato en que se muestra la guerra de los dos grupos. La narración anterior no puede negarse que tiene un carácter humano. La realidad fría no hubiera bajado tan-

---

[10] Este topónimo significa "en lugar que habitan personas establecidas" de tiempo atrás, diversas en procedencia racial de las que han sobrevivido.
[11] Ms. p. 4.

to a la vida cuotidiana. La humana sentencia de la naturaleza humana brota espontánea. Más abajo se refiere a la muerte del niño expósito que pudo llegar a rey. La forma tiene ardor de epopeya. Aun como historia, debe ser citado:
"Cuando Nemac hubo oído la relación de los toltecas y de los nonohualcas, se echó a huir. Le fueron siguiendo, le fueron dando gritos, le aullaban como coyotes. Los que en la huida lo acosan, lo hacen entrar a una cueva, la casa del Maíz, y luego ellos mismos entran. Lo toman de los cabellos de la coronilla, lo sacan violentamente afuera. Allí al momento lo flechan, al borde de la cueva le dieron muerte..." [12]

La salida de los toltecas es narrada con majestad.

"De noche fue la salida, todos llevaban consigo: las cosas de Quetzalcoatl y sus tesoros..."[13]

La huida se consuma. Tula queda desierta. La forma literaria que narra una forma de disolución del imperio en lacónicas y humanas frases no puede ser despreciable. Exige que se la mida con los cartabones de Grecia y Roma, con lo cual queda dicho que llega a las alturas del verdadero humanismo. La anécdota un tanto procaz de la elección de las mujeres, de acuerdo con los gustos del advenedizo, es un indicio de la plena concepción humana de la historia. Ya no solamente hechos guerreros, o derrumbamiento de imperios, sino mínimos pormenores de la vida. Y el sabor ligero de la narración, en textos que la memoria confiaba a los jóvenes en el Calmécac nos da la tónica de aquella cultura. Agregaré que como este cuento o relato de aquellos remotos tiempos podemos reunir una verdadera antología del pensamiento, que vale por mil disertaciones acerca del carácter de los antiguos toltecas y de sus formas de cultura.

[12] Ms. *ibid.*
[13] Ms. *ibid.*

El desconocido redactor de este documento reúne una serie de códices, a veces con sus figuras, que va comentando y que llenan muchas páginas. Si para la historia tienen valor inapreciable, nada o poco, muy poco, dicen a la literatura. Listas de jefes, nombres de lugares, aquí y allá una noticia es todo lo que vemos. Pero llegamos a la página 9 del Ms. en que se inicia una nueva sección. Narra la separación de las tribus y encarcela en su prosa un viejo poema, que debió correr en los labios por siglos. Más que épico, dramático resulta el fragmento que no puedo insertar aquí. Como resultado de los disturbios que provoca el revoltoso Huémac los grupos raciales se dividen. Hay una dolorosa mención de sus sentimientos. No recogeré aquí, falto de espacio para tan abundantes materiales, sino esta plegaria que el sacerdote Cohuenan dirige al numen supremo:

"Oh tú dueño del cerca, dueño del junto, autor de la vida: yo te suplico. ¿Acaso ya aquí nos haces la gracia? ¿Nos das tu ciudad?, ¿cuál es tu beneplácito? ¡Ten compasión de nosotros tus siervos: en tí ponemos nuestra confianza!"

El dios le responde, y ese dios es, en el documento, Quetzalcoatl:

"—Oh sacerdote, no te entristezcas: aquí será ya nuestra habitación, nuestro hogar. Lanzaremos fuera a sus habitantes. Yo sé que nunca olvidarás mis palabras. Has sido digno de tu don. Ve y dilo a los caudillos." [14]

Otra vez se reanuda la serie de códices que el redactor analiza y comenta. Peregrinaciones, lugares, pueblos y tribus... todo pasa en revista de hierática sobriedad. Tenemos que llegar a la pág. 20 del Ms. para hallar un texto histórico, ya no tan teñido de epopeya, pero sí con sus alientos. No voy a intercalarlo aquí. Me reduzco a una sumaria sínte-

[14] Ms. p. 110 R.

sis. Los recién llegados chichimecas, teñidos de toltequismo, hallan en Cholula pueblos de la misteriosa raza Olmeca. Tienen con ellos conflictos y la narración de estos se lleva páginas en el documento. De la 20 a la 23 se tejen los hechos, en que nos encontramos con manifestaciones del dios, ardides de los hombres y lo que en todo caso es final de estos documentos: el triunfo de los que los elaboran. La historia tiene siempre la tara de que los historiadores la revisten al color de sus sentimientos.

De sabrosa lectura es el fragmento en que vemos a los caudillos hablando a Tezcatlipoca, como ahora le nombran, y a éste respondiendo. En el relato se intercalan cantos. Algunos fueron mencionados en otro capítulo de esta obra. La narración se acaba con un bello cuadro. La victoria es de los peregrinantes.

Dejaremos en este punto el examen de este documento. Como él hay una docena que siguen la misma técnica y que nos dan la noción de cómo fue la historia en la antigüedad náhuatl. No contentos los maestros del Calmécac de dar los datos de la escueta realidad, se entretienen en transmitir narraciones que pueden ser en algunos casos verdaderos poemas, y de ellas sacamos las formas de literatura que empleó en la antigua sociedad de habla náhuatl la narración de los hechos y el recuerdo de los personajes.

45. *Ciclo de hechos en la sociedad ya establecida.* Para este segundo grupo de obras históricas en náhuatl tenemos mucho que elegir. No es posible hacer más que señalar alguna de las varias manifestaciones de la narración histórica enclavada en los fríos manuscritos. Desde luego, siguen la misma técnica de los anteriores. Reúnen y entrelazan Anales y Relaciones. A veces hallamos vestigios claros de la prosificación de poemas. Voy a dar como muestra el examen

y algunas citas del Ms. de Cuauhtitlan, que es la parte primera del llamado *Códice Chimalpopoca*.[15] No se puede apreciar sin una breve nota acerca de su elaboración.

Entre 1560 y 1570 hubo en Tlatelolco, bajo la dirección de Sahagún, una actividad de restauración de documentos digna de serio estudio. El franciscano, como si presintiera una muerte, que tardó sin embargo, se puso a restaurar y disponer para una posible publicación los materiales que había recogido en sus largos cuarenta años de dedicación a estas empresas. Era al mismo tiempo su etapa de mayor trabajo, precisamente cuando ponía en castellano su Historia, fundada en documentos de tal índole. Sus discípulos de mayor aliento no solamente lo auxiliaban como obreros insustituibles en esta tentativa. Ellos, por su cuenta, elaboran, acaso con su consejo y dirección, trabajos similares que son indepedientes ciertamente de los del fraile.[16] En Cuauhtitlan reunen todos los documentos indianos de carácter histórico que pueden conseguir; recogen, si acaso no hallaban ya recogidos en sus apuntes, relatos de los indios; se aconsejan y cercioran con los ancianos, vivientes testigos de la cultura muerta, y al fin nos dan una de las obras más preciosas de toda la antigüedad prehispánica.[17] De ese repertorio voy a tomar una parte para el examen de la forma en que se conservaron los hechos, ya no en la sucinta sequedad de los Anales, sino en la viviente literatura de las narraciones.

En la p. 34 del manuscrito se inicia la historia "de Azcapotzalco, de Tezozomoctli, de cómo reinó y de cómo en su tiempo hubo contiendas de reyes y se suscitó la guerra, con que hubo fin la fuerza tepaneca, destruidos por ella." De esta parte, sacada ciertamente de relatos que corren y acaso

---
[15] Ed. de la Universidad, 1945.
[16] *Vid.* más amplios datos en mi *Historia,* II, pp. 209 ss.
[17] *Vid.* la introducción de P. F. Velázquez a su edición de 1945.

se han encarcelado ya en letras, toman los historiadores la biografía de Nezahualcóyotl, bella en sus realidades, más bella en su relato. Dudoso queda el lector atento acerca de la naturaleza de la narración. Con visos de historia, tiene mucho de leyenda. Con lo cual viene a ser muestra de lo que podríamos llamar producción novelesca de la antigua literatura náhuatl. He aquí los diversos cuadros o episodios de esta historia del rey de Tezcoco:

i. La historia del casamiento de una hija de Techotlala con un príncipe de Azcapotzalco, de la cual nace Cihuacuecuenotzin y la decisión de la muerte de su caudillo Ixtlilxóchitl. En forma muy viva y casi dramática hace el autor hablar al rey Tezozómoc. Citaré un fragmento:

"Cuando lo supo Tezozómoc se enojó en gran manera y mandó llamar a sus capitanes. Les dijo:

—Oid hijos míos, los que aquí estáis congregados. Yo estoy enojado, tengo el corazón herido... ¡ojalá que con ella hubiera yacido uno de nuestra casa y de nuestro linaje! Pero... ¿por qué ha hecho esto? ¿Es que no hay entre nosotros caña de escudo, caña de dardo? ¡Por cierto que ha hecho un error máximo! [18]

Manda matar al jefe de la casa de Tezcoco y rey de aquella monarquía.

ii. La historia prosigue narrando los acontecimientos de la vida agitada del huérfano Nezahualcóyotl.

iii. El rey de Tenochtitlan, Itzcoatl, da providencias para que los hijos de Ixtlilxóchitl escapen con vida. En la p. 36 del Ms. tenemos una hermosa descripción de la forma en que los nietos de Huitzilihuitl buscan a su deudo niño y lo amparan en las sombras nocturnas.

iv. Un episodio ciertamente mítico se intercala, como adorno, o como elementos histórico, en la estimación de los

[18] Ms. p. 35.

nativos. Es la caída al agua y la liberación del niño Nezahualcóyotl, es llevado a consagrar por los dioses en la cima del Poyauhtecatl.[19]

v. Una serie larga y compleja acerca de las aventuras del príncipe tezcocano se inicia en p. 37. Mucho tiene para el conocimiento de la mentalidad de aquella cultura. Pero en el orden literario puro, no hay nada despreciable. He aquí, por ejemplo, un diálogo entre el tirano Tezozómoc y el criado Coyohua, un verdadero carácter del ayo fiel; diálogo en el que podemos señalar los rasgos de ironía, de mañosa destreza de los pueblos antiguos:

"—Coyohua, ¿es posible que viva aún Nezahualcóyotl? He aquí para qué te he mandado llamar: ¿Quién es el único verdadero? Un mal sueño he soñado: Una águila sobre mí se erguía; un tigre sobre mí estaba parado; un oso sobre mí enhiesto; una serpiente regia encima de mí tendida... Mucho me azoró este sueño. Y he aquí cómo he razonado: No me vaya a causar ruina Nezahualcóyotl; no vaya a tomar venganza en mí por la muerte de su padre Ixtlilxóchitl, por lo muerte de su tío. No vaya a hacer caer sobre mis hijos, sobre mis príncipes y reyes el agua del sacrificio, la sangre de la ardiente venganza... Por tanto, óyeme, Coyohua: esta palabra te digo: Que todos te vean un día con la amistad de mis hijos y descendientes... Y además, aun le quedan tierras, aun es dueño de heredades el príncipe... Las tierras serán tuyas... las sembrarás tú mismo... tendrás uno o dos mayordomos. He aquí la flecha... métesela en el cuello... O si no, tritúrale los testículos... Cuando amanezca, di: "Desgraciadamente, mientras él dormía, se le atravesó en el gañote el bocado..." ¿Eh? Y más aún... Solamente tú me lo has de dar a saber..."[20]

[19] *Ibid.* p. 36.
[20] *Ibid.* p. 38.

El fragmento nos da la sensación de una página de autor renacentista, cuando los crímenes y las mañas eran el mejor camino para hacer brillar el humano ingenio. Y nos hacen ver que no hay cuerda humana que no se haya tocado en la cultura antigua. La producción literaria, índice de cultura en todo tiempo, nos hace ver la compleja tempestad de sentimientos que en esos pueblos iban hallando su desahogo en el relato, lo mismo que en el poema.

La narración se corta de improviso. Es acaso por defecto del Ms. o, lo que creo más bien probable, por haber sido recogida la relación solamente en fragmentos.

De menores dimensiones, pero en la misma forma y con igual calidad hallamos en el Ms. de Cuauhtitlan relatos semejantes. Pueden ser ejemplos de la manera de elaborar y trasmitir los hechos históricos, no sin adornos de la fantasía, que usó la antigua cultura nahua. Señalaré solamente temas y lugares del documento en que pueden hallarse. En la misma pág. 41 hallamos la narración de la suerte de Tezozómoc el joven, rey de Cuauhtitlan, que al saber el desastre de su nación se da él mismo la muerte. No falta dramatismo en el relato y tiene rasgos muy dignos de estudio. La narración de la guerra sostenida y llevada a victoria contra el tirano de Azcapotzalco, en las pp. 42 a 47 es un amplio y excelente campo para que el estudioso examine la forma en que se recogen, proponen y conservan para la posteridad los hechos del pasado.

Como dato digno de tenerse en cuenta, indico lo que leemos en el final de toda esta relación: "Esta es la relación de cantos de cómo acabaron los tepanecas". *Icacocacuicatl:* "Canto histórico" puede ser el nombre que mejor conviene a textos como el que indicamos. El redactor toma los cantos, los viste de ropaje más sencillo y los ajusta a la manera que va descubriendo en la cultura de los recién venidos. Si hay influjo hispánico acaso en la disposición externa, el espíritu y la técnica del pasado permanecen incólumes.

Fuera de estos textos podemos señalar en los demás documentos, como la *Crónica Mexicáyotl,* los *Anales* de *Tlatelolco,* etc., suficientes relatos netamente precortesianos, que dan la pauta de la historia antigua en su etapa de existencia, más o menos tranquila de los pueblos antiguos.

46. *Ciclo de la Conquista.* Con todo derecho incorporo a la producción literaria de los mexicanos antiguos esta sección de documentos que se refieren a la etapa de la Conquista española. Si la medida del tiempo pidiera darlos a una etapa que no nos corresponde aquí, la materia, los autores y la índole de estos escritos los coloca en el campo de la literatura náhuatl.

La materia es la visión de los nativos ante la destrucción de su nación y la ruina de su propia cultura. Tenemos testigos de la emoción de un pueblo que iba corriendo como un río en su propio cauce, y es de improviso interrumpido por un dique brutal que tuerce su destino. Hay en la narración de los hechos todo el horror y toda la amargura de un pueblo vencido, que no puede refrenar su rabia. Y, como todos los vencidos, expresa por la producción literaria lo que siente ante la ruina final de los valores que fueron suyos, que amó y que vio perecer.

Los autores son indios. Más o menos ilustrados con las doctrinas y formas de Occidente, como acontece con los estudiantes de Sta. Cruz de Tlatelolco, no dejan de ser mexicanos. Tienen la misma emoción, la misma forma de ver y de expresar que sus ancestros. Si al cabo de tantas generaciones no acaba el mexicano de dejar los vestigios de la manera espiritual prehispánica, ¿qué debe pensarse de quienes en la primera etapa, en los días en que humean las ruinas de templos y palacios, se pone a decir lo que en su patria aconteció? Es el caso del Ms. de Tlatelolco, que conocemos con dos nombres: el de Ms. 22, por ser tal la sigla con que se identifica en la Biblioteca de París, que lo guarda en dos copias distantes en el tiempo y concordes en el contenido, y con el de *Unos Anales de la Nación Mexicana,* con que lo bautizó su descubridor y poseedor antiguo, Boturini. Este escrito en su parte más valiosa es de 1528. Cuando las pavesas del incendio no se habían extinguido. Habla en él un mexicano antiguo, no un mexicano hispanizado. Si la Historia de la Conquista que Sahagún incorpora a su magna enciclopedia, dando en ella el Libro XII, puede tener quizá influjos hispánicos —hecho discutible, por otra parte— no debe olvidarse que está fundada en textos recogidos en la etapa inmediata a la Conquista. Se elabora entre 1560-1570, pero sus textos son, al menos, de 1530.

En estos dos documentos, fuera de otros de importancia menor, tenemos muestra de esta nueva manifestación de las letras nahuas.

La índole y carácter de estos textos los coloca también en el marco de la literatura mexicana antigua. Por de contado que van en su lengua nativa. Pero esto es lo menos: el mismo modo de ver las cosas, la misma tendencia a la exposición de los hechos bajo una luz mexicana, la misma objetividad que hemos señalado en otros campos de esta producción hallamos aquí. Y el lenguaje, tan maleable a todos los asuntos, adquiere dignidad y soltura al mismo tiempo. Léase, por ejemplo, la relación de la caída final, tanto en el documento de 1528, como en la Conquista que dispuso Sahagún con sus discípulos,[21] y se hallará la comprobación de lo que

---

[21] En mi edición de 1956, puede verse el texto de ambos documentos. t. IV, 81-165 y 169-185. Este tema está bien documentado en *Visión de los Vencidos,* del Dr. León-Portilla. *Vid. Bibliografía.*

se ha dicho. Como no puedo cargar de textos esta exposición, me limitaré a dar la siguiente muestra por partida doble, en que se refiere en uno y otro documento la forma en que se hizo la huída general tras la caída de Tenochtitlan:

"Y cuando (Cuauhtémoc y sus capitanes) quedaron prisioneros, comenzó a salir la gente del pueblo a ver dónde iba a establecerse. Y al salir, iban con andrajos y las mujercitas llevaban las carnes de la cadera casi desnudas. Por todos lados hacen rebusca los cristianos: les abren las faldas, por todos lados les pasan la mano, por las orejas, por los senos, por los cabellos." [22]

He aquí ahora la forma en que la Historia de la Conquista narra los mismos hechos:

"Luego otra vez matan gente (los españoles): muchos mexicanos en esta ocasión murieron. Pero se empieza la huida, con esto va a acabar la guerra. Entonces gritaban y decían: —¡Es bastante... Salgamos..., vamos a comer hierbas...! Y cuando tal cosa oyeron, luego comenzó la huida general. Unos van por el agua, otros van por el camino grande. Aun allí matan a algunos; están irritados los españoles porque aún llevan algunos su espada y su escudo..." [23]

Breves ejemplos a la verdad, pero dan idea del aliento que hay en la narración de hechos de suyo patéticos para todos, pero para los mismos que escriben, decisivos en su vida.

Como estos fragmentos pudieran estudiarse paralelamente a otros, tanto de los dos documentos a que he hecho refe-

[22] *Ibid.* p. 181, n. 101.
[23] *Ibid.* p. 162 ss.

rencia, como de otros pertenecientes a la variada narración de los hechos de la conquista. No cabe en el límite de este libro hacer acopio mayor de textos. Léase en comparación el relato tanto de los informantes de Sahagún, como del anónimo de Tlatelolco que dí en mi edición de Sahagún de 1956,[24] y se podrá formar una idea precisa de la contextura histórica de los escritos en la etapa de tránsito entre la caída y el restablecimiento. Caída de la vieja cultura, restablecimiento de una nueva, que conservando la antigua tendencia, se iba contaminando de nuevos influjos.

47. *Resumen de caracteres.* En la producción histórica de cualquier pueblo hay que distinguir dos modalidades. Una que es la exacta consignación de los hechos, como testimonio que se trasmite al porvenir, para conservar la memoria, y la otra es el adorno literario que reviste la expresión de los hechos. Si en el primer aspecto la historia es una ciencia, que deberá regularse con los cánones de la fidelidad, de la exactitud, de la serena y neutral fijación de hecho, si esta es posible, en el segundo aspecto pertenece a la literatura en su plenitud. Esta segunda mira nos hace estimar la belleza de los escritos históricos de Grecia, de Roma, o en alejadas zonas, de Israel o de China.

En ambos aspectos la historia en lengua náhuatl ha admirado a los estudiosos. Un rigor que la investigación arqueológica ha comprobado palmo a palmo fluye de los viejos documentos en su carácter de testimonio. Es tan fija y severa como las inscripciones de la historia asiria o babilónica. Podemos estar seguros de nuestro conocimiento del pasado a través de estos documentos. Pero si atendemos a la belleza

---

[24] *Vid.* nota 21.

humana de la expresión y a los atavíos que la imaginación pone al dato descarnado, hemos de sentir un gozo artístico que nos pide ahondar en el estudio directamente literario de estos documentos. Es lo que he tratado de insinuar en este capítulo.

Capítulo Séptimo

LA PRODUCCION DIDACTICA

48. Raíces de esta clase de composiciones. El hombre tiende instintivamente a manifestar dos de sus principales experiencias: la personal, en sus reacciones ante la realidad, en que expresa sus afectos y sus anhelos. Esta da origen a la poesía lírica. Es la más antigua en todas las literaturas. En la otra, reúne sus experiencias ante los hechos y les da fórmulas generales, en que propone normas de acción para el futuro, en vista de las experiencias del pasado. Es igualmente la más remota en el tiempo, cuando vamos investigando sus procedencias. En esta obra hemos hablado de la poesía lírica en su lugar. Vamos a tratar de la conservación de las experiencias del pasado en beneficio de las generaciones que viven después. Esta es la que llamamos producción literaria de orden didáctico.

En el campo de nuestro estudio podemos hacer una partición de materiales que deben someterse al conocimiento y al análisis en esta forma:

I. Expresión mínima: *el proverbio*, la conseja, el hecho de ilustración de una situación.

II. Recolección ordenada por asuntos, de normas y prescripciones para regular la vida. Es la que constituye los *discursos de instrucción* de los ancianos a los jóvenes.

III. Desarrollo de una serie de ideas con intención de

convencer. Es la que forma los *discursos* que podemos llamar oratorios.

Los tres géneros de literatura didáctica se hallan bien atestiguados en los documentos que poseemos para una indagación acerca de la vida cultural de los nahuas. Vamos a dar una somera descripción de fuentes a este respecto.

49. *Fuentes.* El proverbio fue recogido en forma diligente. Dos repertorios, por lo menos están perfectamente comprobados. Uno de ellos pereció sin dejar huella de su derrotero. Nada remoto fuera que apareciera algún día en alguna biblioteca extranjera.

La primera colección de refranes de la lengua mexicana se hallaba en el Ms. que en la Biblioteca Nacional de Méxiso se signa con el número 131. Tiene este manuscrito 195 fojas, pero lleva un índice que cataloga las materias que contenía. Hallamos entre éstas, iniciada en la no existente foja 413, la recopilación de refranes. Y en la foja 421 otra de las fábulas de Esopo, en versión náhuatl. No existe ya esta doble serie de temas, original uno, extraño otro, en que hallar lo que vamos buscando.

Olmos da en su Gramática una serie de frases proverbiales que entran plenamente en este género,[1] como diría Mijangos, en el fin de su Sermonario también una serie de *Frases y Modos de hablar elegantes y metafóricos de los Indios Mexicanos".*[2]

Pero, con su general visión y ánimo de incluir todo lo que podía dar luz al conocimiento del pueblo vencido, Sahagún cierra su Libro VI con tres capítulos que reunen todo género de apotegmas, ya sea en modos, ya sea en verdade-

[1] Edición de París, 1875. pp. 211-230.
[2] Ed. México, 1623, siete fojas al fin de la fe de erratas, sin numeración propia.

ros refranes, ya sea en adivinanzas, que ayudan a la plena comprensión de la mentalidad indiana. Veremos abajo algunas de sus manifestaciones.

Fundada en la trasmisión oral, para confiarla al tesoro de la memoria, la instrucción de los niños y jóvenes se elaboró con abundancia. Vino a constituir un género por sí, que los primeros investigadores denominaron, usando el vocablo original, *Huehuetlatolli,* que suelen vertir "Pláticas de los viejos", y, con menos exactitud, "Viejas pláticas". Debieron abundar estas, aunque más o menos sujetas al mismo tenor general.

La diligencia de Olmos, cuando en 1528 a 1530 emprende la indagación del pasado, por doble mandato, de Martín de Valencia su provincial, y del obispo Ramírez de Fuenleal, presidente de la Segunda Audiencia, se apresuró a recoger estas Pláticas. Tenemos conocidos tres manuscritos, además de la edición de ellas que, con una traducción resumida y fragmentaria, hizo el franciscano Juan Baptista, al terminar el siglo XVI. La rareza del libro impreso en México, hace que estos discursos sean en realidad inéditos.

En ese mismo tiempo inicia Bernardino de Sahagún su recopilación de textos. Su Libro VI está constituido por un repertorio similar de arengas, discursos, reglas de vida y otras piezas de tenor similar. Este libro en su original fue reunido en 1547, como da testimonio la nota que el mismo venerable fraile puso al fin de su versión, hecha en 1577.

Tanto en las recopilaciones de Olmos, como en la colección de Sahagún hallamos composiciones que deben clasificarse en el dominio de la oratoria. Ellas nos proporcionan base para el conocimiento de esta actividad entre los mexicanos.

Podemos concluir que hay suficiente apoyo para el conocimiento de la existencia y calidad y aun formas estilísticas de este género de producción didáctica. Pasaremos a reseñar brevemente cada uno de los temas generales.

50. *El refrán*, entraña un valor comprimido. Es como la suma de una serie de experiencias. Tiene, además, un carácter literario, si se quiere, en estado de embrión. Cuántos refranes, con todas las lenguas, son verdaderos poemas reducidos al mínimo.

Del repertorio de Sahagún en su Libro VI tomaré estos que siguen, y en algunos casos agregaré el náhuatl original, dada la pequeña dimensión de estas composiciones.

"También le hace de llama". Se aplica al que vocifera y hace alarde de poder y elevación, pero viene a dar en la misma ruindad de otros. O como el mismo Sahagún vierte, en texto que difiere del divulgado: "Este refrán se dice de aquel que sin consideración acomete algún negocio arduo para salir con él, y no salió con él, sino antes quedando con pérdida de honra y hacienda de salud."[3]

"Por él me crece la cara". Lo dice quien crió hijo, hija, o discípulo que le ha de dar honra en su buena formación.[4]

"Mi oficio es guardar gallinas: no pico a las que se pican." Se aplica a quien está al frente de una comunidad. Ve y guarda, pero los desmanes que mutuamente se hacen unos a otros no se le deben imputar, pues eso queda fuera de su oficio. No deja de ser un tanto cuanto marrullero y por ello expresivo del carácter del mexicano de antaño, y estimo que en mucho también del de ahora.[5]

"Nadie diez veces con la gente." O sea, si se llega a tener cargo, puede placer una, dos, varias veces, pero al llegar a

---

[3] Ms. de Florencia, Lib. VI F. 188 V.
[4] Id. *ibid.* F. 190 R.
[5] Id. *ibid.* F. 190 R.

las diez, es enfadoso. El texto náhuatl *ayac matlacpa teca,* en tres palabras da el resumen de una larga experiencia.[6]

De este tenor llegan a ochenta, y pasan, los refranes que reune Sahagún. Otros pueden espigarse en sus dos capítulos siguientes, que intentan recoger adivinanzas y modismos.

Entre los Modos de hablar elegante que dijo Mijangos podemos también hallar notables refranes. Vea el lector éstos:

"Como coyote ando; cara de venado baja." Para indicar el que está agobiado por la pena.[7]

"Espejo, tea y luz le pongo delante." Es decir, le doy ejemplo de buen vivir.[8]

"He llegado a la raíz." Indica que se ha profundizado en el asunto, hasta hallar el fundamento de él. En náhuatl *inelhuayocan onacic.*[9]

Bastan estos ejemplos para hacer ver que la paremística era ya un germen de educación didáctica. Vamos a ver algo más valioso.

51. *Discursos educativos.* Todo un sistema de enseñanza a base de trasmisión oral existió en las sociedades de habla náhuatl. Aunque no hay un trabajo que recoja totalmente la información acerca de este tema,[10] tenemos derecho de establecer estos postulados que pueden documentarse con rigor histórico:

A. De los tres a los seis años acudían los niños a los

---

[6] Id. *ibid.* F. 191 V.
[7] *Sermonario* u. s. hojas adjuntas, F. 1 R.
[8] *Ibid.* F. 2 R.
[9] *Ibid.* F. 3 V.
[20] Puede leerse sobre este tema, Sahagún en la *Hist.* Lib. VII. Torquemada, que resume varios documentos anteriores. Códice Mendocino, hecho en 1545, que contiene no solamente la explicación, sino aun las figuras. Durán, en varios lugares. Es una necesidad reunir todo esto y dar una visión de conjunto de lo que fue la educación de la juventud en la etapa mexicana anterior a la conquista.

templos, en cuyo recinto había una sala especial para la enseñanza de mitos, ideas generales de moral, reglas de convivencia humana. Estas mismas formas de enseñanza se hallaban en los hogares, principalmente de los principales miembros de la sociedad. Aunque era tanto para varones como para mujeres la enseñanza colectiva, había principalmente para ellas, un modo de repetición constante en los hogares. De estos métodos tenemos suficiente información en los documentos manuscritos que han llegado a nosotros.

B. La enseñanza en el primer grupo de establecimientos educativos, designados con el nombre de *telpuchcalli:* "casa de muchachos", atendía más bien a la acción que al pensamiento. Sin embargo, era norma general la de reunirse cada tarde, de cinco a nueve, en un sitio llamado *cuicacalli:* "casa del canto", y en este lugar aprender de memoria palabras y ritmo de los cantos religiosos, o heroicos, y practicar los pasos de las diversas danzas colectivas que eran expresión viviente y dramática de las creencias religiosas y de los temas que pudieran llamarse épicos, como que conservaban imaginativamente la memoria de hechos y situaciones que habían contribuido a la formación de cada comunidad. Esta práctica se halla perfectamente documentada lo mismo para México y Tezcoco, que para Tlaxcala, Cholula o Cuauhtinchan. De esta calidad de textos tenemos también una buena muestra en los repertorios que conocemos.

C. De muy distinta índole eran otros establecimientos de educación. Los que llamamos con el general título de *calmécac,* "hilo de casas", según lo que comúnmente se dice, estaban reservados a lo que pudiera llamarse, para fácil comprensión, educación superior. No solamente los hijos de los principales, sino todo niño o adolescente que diera muestras de suficiencia de talentos tenía acceso a esta clase de estudios. Allí, además de la rigurosa disciplina que se les imponía, les entregaban para reservar en la memoria, los himnos sagrados, los relatos históricos, ilustrativos de los Códices, la interpretación e inteligencia de estos mismos, la ciencia de los destinos, la interpretación de los sueños, y en algunos casos, la medicina indiana.

D. Quedan fuera de este orden, como institutos de especificación, las casas en que se enseñaban a los hijos de los curanderos, la medicina natural; en la de los artífices de la pluma, las gemas y el oro, o la plata, la técnica de estas artes; en los colegios de traficantes, llamados *Pochtecapetlatl*, la norma de los complicados dispositivos de los viajes de comercio, que solían ser también de espionaje para el ensanchamiento del dominio tenochca.

E. Aun de regreso en el hogar los jóvenes, que dejaban sus respectivos institutos al llegar a los veinte años, eran aleccionados por sus padres en la disciplina de la vida humana, la más necesaria de las disciplinas que puede aprender el hombre.

De todos estos géneros de enseñanza tenemos ejemplos suficientes para hacernos cargo de la calidad y tenor de ellos. Natural es que en un estudio sumario, como es este, no hagamos más que dar unas cuantas muestras.

Lo haré someramente en los números que siguen, tratando de dar, por una parte, textos interesantes; por otra, desconocidos. Las fuentes que voy a usar son, Olmos en sus diversos testimonios manuscritos, y el Libro VI de Sahagún, que es inagotable. Contemporáneos ambos repertorios, tienen la ventaja de darnos la letra de razonamientos recogidos unos veinticinco años apenas después de la destrucción del antiguo orden, ya que uno y otro trabajaron en esta recolección por los años de 1535 a 1545. Como no es posible recargar de textos, y éstos son largos de suyo, me limitaré a unos cuantos testimonios.

52. *La primera infancia*. Vea el lector la forma sencilla y grave con que un padre alecciona a sus hijos pequeños. Hay, primeramente, una gradación de recomendaciones. En el Ms. de Olmos, que coincide con la edición de Fr. Juan Baptista en los elementos sustanciales, tenemos pláticas para el niño muy pequeño, para el adolescente, para el joven para el que está a la puerta del matrimonio, para el recién casado. Como si esta gradación fuera indicio de la táctica pedagógica natural del padre que instruye. Lo cual supone una elaboración larga y cuidadosa de estas exhortaciones. La más sencilla, para los muy pequeños, comienza en esta forma:

"Sangre mía, linaje mío: Ya te he fundido como oro, ya te he perforado como jade. Ya veo tu rostro, tu cabeza. Como si fueras oro eres: has sido fundido: ahora muestras tu faz, y vienes a tener los ojos relucientes y claros. O bien, como si fueras avecita, ya abres el cascarón, ya agitas las alas..."

Y tras esta introducción retórica, pero sencilla, da unos cuantos preceptos, de la mayor simplicidad, como compete a niños de edad temprana:

"Si por un día, dos días he de ver tu rostro y he de ir perfeccionando el jade, la turquesa, ¿cómo podrá ser que tú sigas el modo del conejo, del venado?

Que no en parte alguna te pases el tiempo durmiendo, o entregado a juegos sin medida: antes bien, sigue el camino recto que siguen los que son para tí como un cofre, una caja que te guardan en la tierra..."

No es mucho más lo que se dice a este pequeñuelo, pero para el intento presente, basta la cita anterior.[11]

[11] En la Ed. de Juan Baptista, F. 22 R. En el Ms. de Olmos, F. 139 R.

De más alto estilo es el discurso con que se dan lecciones de vida al muchacho ya un poco más grande. No solamente hay preceptos, sino razonamientos a su alcance y capacidad. No es posible dar aquí sino un resumen de dicho documento.

De la parte de introducción léase este fragmento:

"Has abierto ya los ojos, has crecido:
no seas gravoso a las personas que te criaron:
pobres son los que te hicieron triunfar, llegar a ese es-
[tado.
Y aún ha de seguir dándote de comer y de beber
lo dulce, lo blando, lo que es plácido a la vista y al
[corazón."

Y en la parte de preceptos, con la necesaria concisión, dentro de la abundancia de expresión del náhuatl, hay estas recomendaciones:

"No digas en tu interior:
¿Qué es lo que dice el viejo, la vieja?
Nada más que fortalecerte manos y pies.
¿Te agrada o no te agrada? Es igual:
Soy tu padre, soy tu madre.
No empujes con la mano, no hieras con el pie para des-
[viarlo
a mí que soy tu padre, a mí que soy tu madre."

Y pasa, luego en forma ya de razonamiento imaginativo, a dar estos símiles que nadie podrá negar que son adecuados, al mismo tiempo hermosos:

"Ya lo comprendes: Un ciervo, si lo persiguen,
va azorado de ver a la gente, y sin darse cuenta, viene a
caer en la red y en ella muere.

Pero, ¿eres tú acaso un ciervo, para que no sepas a dónde vas?

A tí se te ha concedido ver el camino que has de seguir: culpa tuya será si el mal te sobreviene, si pierdes ese camino.

Así también un árbol frutal: ya no está verde, ya no echa brotes, si cuando estaba verde y echaba brotes cae sobre él el hielo: comido queda por el hielo, con él se seca.

Estás tú así: en verdor, en brotes de vida,
ahora es el tiempo de estar en verdor y echar brotes;
culpa tuya será si vienes a dar en boca de las fieras." [12]

Si agregamos a estas expresiones, la ductilidad de su propio idioma, la suma de metáforas y selección de vocablos, la misma medida rítmica del texto, tendremos una visión más cercana de la realidad. Porque aquella prosa didáctica puede equipararse al verso. Tiene sus normas de construcción que solamente un estudio especial podrían hacerse ver en plena luz. No haré más que dar un solo ejemplo, que ayudará a vislumbrar la contextura de esta serie de arengas de instrucción dadas a los adolescentes.

Lo tomo de otro manuscrito, conservado felizmente en la Biblioteca Nacional de México. Pertenece a otra recopilación, probablemente del mismo acervo de documentos de Olmos. En su primera foja casi al comenzar hallamos esta construcción que no aparece en las otras copias, ni en Olmos ni en la edición de Juan Baptista. La breve composición merece darse en su lengua, con su versión al calce:

¿Azo ti tocnopil azo ti tomacehual ti mochihuaz?
Yuhqui in ti xochitzintli, in achitzin
in tixpan mitz hual cueponiz,

---

[12] Ed. Juan Bpta. F. 23 R. Ms. Olmos, F. 111 R.

totozcatlan tomaquechtlan mitz on tomaquiuh
in Tloque Nahuaque?

Es decir:

¿Seremos dignos de tí, te mereceremos?
O serás como una florecita:
ante nosotros te abrirá por breve tiempo,
en nuestro cuello, en nuestro pecho te hará desplegarse
el dueño del universo? [13]

Pueden ser suficientes estas muestras para apreciar el tesoro que se halla latente en este género de producción náhuatl en el aspecto literario. El conocimiento total de estos discursos hará variar la necia opinión de la incultura de los antiguos. Veamos otros campos dentro de la didáctica.

62. *Otros aspectos.* Es tan abundante la producción de orden doctrinal y tan poco explorada ha sido que era necesario darle mayor espacio del que en este libro puede concedérsele. Fuera de los discursos reseñados en el número anterior y que son bastantes en nuestros testimonios, hay que tener en cuenta una serie de preceptos breves, algo así como reglas aforísticas, que destacadas en modo propio, dan fundamento para una indagación tocante a las ideas morales de los que hablaron la lengua náhuatl.

Hallamos esta manera de preceptiva lo mismo en la recopilación de Sahagún que en las colecciones de Olmos. Daré ejemplos de una y de otra fuente.

De estilo más alto es el discurso que el rey hacía a sus hijos cuando ya estaban en estado de comprender. Lo recoge Sahagún en su libro Sexto. Tomo de él los fragmentos que siguen, directamente vertidos del Ms., tal como se guarda en el Códice de Florencia: bilingüe como es este docu-

---

[13] Ms. de la Biblioteca N. de Méx. F. 1 R.

mento, el texto castellano da una sombra apenas de lo que la letra original contiene.

Tras un bello razonamiento en que pondera la obligación de la posición y linaje, desciende a normas prácticas. Véase cómo resume los deberes del que ha de regir a los pueblos:

"Oidlo: vuestro deber es este:

—Tened cuidado con el tambor y la sonaja: despertaréis al pueblo, y daréis placer al dueño del universo. Con este medio haréis propicio hacia vosotros su pecho, sus entrañas: es el medio de pedir, de buscar a nuestro señor.

—Tened cuidado del arte de construir, el arte de la pluma, la artesanía es el remedio con que se ataca la pobreza: será defensa y protección a la gente, es cosa de comer y de beber.

—Pero principalmente, poned atención al surco, al caño de riego: en la sementera sembrad y laborad: ¿no por obra tuya ha de ser, no por obra tuya ha de crecer el maíz? ¿no habrás de comer de él?

—Esta es la tradición que os dejaron aquellos de quienes habéis nacido, reyes y señores. . . . Solían decir: Si te das exclusivamente a la nobleza, y si no das atención al surco, al caño de riego, ¿qué darás de comer a los demás? Y, ¿qué comerás tú mismo? ¿Dónde he visto yo que con nobleza cene uno y se desayune uno?

—Oidlo: el maíz nos hace ser capaces. No sé quién dijo y se anda diciendo:
El maíz es nuestra carne, es nuestro hueso, nuestro ser, nuestra vida.
El es el que pone en pie, él es el que se mueve, el que se alegra, el que ríe, el que vive: el maíz.

—Con cuanta razón se dice: "El que reina, el que domina, el que conquista... ¿dónde vi que fuera otra cosa sino un agujero con tripas? ¿Es que no come el que rige, el que reina? Y, ¿dónde vi que no llevara su provisión de alimentos el conquistador?" [14]

Larga cita que nos da la impresión del tenor de estas recomendaciones. Cabe agregar solamente que en estos discursos la lengua es más pulida, el cuidado de la expresión es mayor, y forma parte de lo que han llamado algunos lingüistas *pillatolli*, o sea "habla de nobles", en contraposición del *macehuallatolli*", "habla de plebeyos".[15]

De este mismo discurso real haré una cita en materia más suelta y en forma de recomendaciones negativas. Tras una serie de preceptos sobre las diversas normas de vida religiosa, inculca así a sus hijos el rey la vida social en sus formas de respeto y de moderación propia:

"A todo el mundo tu respeto y acatamiento.
No desprecies en nada a nadie, y tampoco contra nadie te opongas.
No te constituyas en sábelotodo, digan lo que dijeren.
No por estar a punto de ruina y al borde de perecer des el mismo pago a otros.
No seas una culebra, no te hagas el sabihondo.
No te arrojes contra nadie, no te dejes llevar del viento contra alguno, sino que atraelo a tí, haz que se llegue a tí mediante tus halagos.
No vivas ocioso, ni andes sin provecho en la tierra.
No en vano pases todo el día, toda la noche." [16]

Un solo ejemplo más agregaré, ahora de Olmos, tal como lo dio a la prensa Juan Baptista. Será de aquella parte en que la madre da a su hija normas de buena crianza:

---

[14] Cód. Flor. Lib. VI. F. 72 bis R. y V.
[15] *Vid. Cornyn*. Introd. al *Tlacahuapahualiztli* en *Tlalocan*, I, pp. 314 ss.
[16] Cód. Flor. Lib. VI, F. 73 y 74 R.

"Si eres llamada, no dos veces, no tres veces, no muchas veces seas llamada: a la primera llamada te levantarás presurosa para no ser motivo de enojo o de fastidio ni causa de reprensión.

Si algo se te dice, se te manda, se te encomienda, óyelo bien, ponlo bien en tu mente para que no lo olvides y lo hagas bien.

No des malas respuestas, ni seas retobada, no des un puntapié, ni lances con la mano el mandato; si no es posible que lo hagas, con calma y con mesura lo declararás.

No serás caprichosa, no serás burlona de la gente, que te ve el señor.

No te hagas amiga de las mentirosas, de las ladronas, de las disolutas, de las que andan de casa en casa, de las perezosas, para que no te hagan malvada, no te tuerzan los pies.

Mantente dentro del hogar, para que hagas lo que te compete." [17]

Es suficiente lo expuesto para hacer ver a quien no ciegue voluntariamente, que hay un filón inexplorado y también casi inagotable, en esta forma de elaboración literaria. En los poemas y en los discursos de instrucción es donde debe buscarse la más genuina expresión del pensamiento y de la emoción de los antiguos mexicanos.

54. *Discursos oratorios*. Voy a resumir en apresurada síntesis uno de los aspectos literarios de la cultura náhuatl que exigen mayor atención y cuidado.

No era inútil la pregunta del Padre Acosta a su colega Tovar formulada en estos términos: "¿Cómo se puede creer

[17] Ed. Juan Baptista, F. 17 R. y 18 V.

que las oraciones, o arengas que se refieren en esta historia las hayan hecho los antiguos retóricos que en ellas se refieren, pues sin letras no parece posible conservar oraciones largas y en su género elegantes?".

No fallaba la pregunta, por lo demás de poca base. Pero no recordaba, o no sabía acaso el autor de ella, que el primer repertorio del hombre, por muchos milenios, fue la memoria. No, escritura en el sentido moderno, de que cada sonido de la lengua quede aprisionado en un signo, no la tenían los mexicanos. Tampoco la tuvieron los chinos, los indúes, los semíticos, por varios milenios. Pero todos, hombres al fin, tuvieron la memoria y en ella una manera de almacenar recuerdos, tanto más amplia, cuanto menos supeditada a la limitación del espacio. Gloria del cerebro es, si no queremos subir más alto, poder almacenar y atesorar tantas y tantas nociones que, si al papel se trasladaran, no hallaran abasto en las productoras de papel del mundo. Haga el lector la prueba de poner por escrito lo que sabe en todos los campos. Tiempo y material habrán de faltarle, si se empeña en lograr su pretensión.

Educados en el Calmécac los muchachos que mejores pruebas daban de memoria, eran también aleccionados en la fijación de los grandes discursos para las grandes ocasiones.

No era aquella una sociedad abierta a todos los vientos. En especial se tenía atención a las arengas que habrían de hacerse ante las aras. La necesaria antropomorfia de los adoradores hacía tratar como reyes a los númenes. Por eso pudo Sahagún recoger un buen recuerdo de los largos discursos de los "sátrapas", a los dioses mentidos. Bellas expresiones que en este estudio pasaré por alto.

No se puede hacer lo mismo con estas arengas dirigidas a los magnates de la tierra. Dan ellas una de las mejores muestras de expresión literaria de la mente náhuatl. No es posible, tampoco, dar por extenso un discurso al menos de esta colección. Largos y difusos, no permiten darles espacio desmedido en un libro que, como el que tenemos en las manos, pretende ser breve y de fácil lectura. Optaré por un término medio. Sin dar en su total contenido ningún discurso, daré el análisis de los pensamientos, la secuela de los desarrollos estilísticos, y en la exposición de estos tópicos, algunas leves muestras.

Será suficiente para este fin el análisis del discurso que recoje Sahagún en su Libro VI. capítulo X. Discurso, que como el autor de la recopilación y versión dice, "lo pronunciaba un gran sacerdote, o un gran noble, o un gran gobernador que tuviere conocimiento pleno de los discursos". Y veamos de paso cómo apunta gente especializada para el oficio.

Comienza ponderando que la muerte de los pasados es la condición de que tomen la carga del mando los vivientes. Un pasado glorioso pesa sobre los hombros, o dicho a la estilística náhuatl: "sobre la espalda sobre el cuello" del recién electo. Hay, empero, un buen sustituto. ¿Cuáles serán sus oficios? Primeramente, hacerse fuerte.

"Cíñete arriba, átate arriba; apréstate, ataviate:
Métete a la carga, al fardo: haz empeño hacia ellos."[18]

Aquella sociedad saturada de sentimiento religioso, aquel orador, que del templo viene y al templo vuelve, es natural que haga la enumeración de los deberes del príncipe iniciándolos por el deber religioso.

Primerametne, hay que ser venerador de los dioses. En su favor radica la prosperidad del pueblo. Enumera una serie de calamidades públicas que pueden ser castigo de la divinidad, inferido al pueblo, por el mal comportamiento del

[18] Cód. Flor. Lib. VI. F. 41 R.

príncipe. Males en él mismo, males de rebeldía, males de hambre y escasez de alimentos, males de emigración del pueblo, por no hallar el anhelado acomodo, males de una guerra venida de fuera, que acabe con el señorío.

Tras esta emotiva alegación de motivos de propia disciplina, viene una serie de preceptos, que, similares a los que daban los padres a los hijos, tienen la ventaja de ser más altos y más generales. Resumiré algunos en este examen.

"No seas atolondrado, no hables de prisa, no seas presuroso en tus palabras. No tomes como cosa de vanidad las cosas. Toma, coge, escoge, llega a la verdad. Tú eres el que representa a la divinidad; eres su sustituto y quien hace sus veces. Eres un instrumento suyo; eres su flauta: habla por medio de tí, de dentro de tí.

De tus labios hace sus labios; de tu boca hace su boca; de tus oídos hace sus oídos.

No atiendas a la cara de las personas: no hagas favoritismos. De tí se sirve el Señor como de sus propios dientes y uñas: tú eres su fiera, su represor, su juez que da el fallo." [19]

Sigue esta serie de bellas recomendaciones, que en su lengua nativa tienen aquella ventaja que da lo primitivo y lo precioso a un tiempo. Primitivas son en su contenido y tenor: preciosas, en su expresión. No es posible dar en su lengua nativa ninguno de estos razonamientos, con la extensión que fuera justo. Daré, sin embargo, una leve muestra:

Ma motla yauh, ma motla aqui in itonal in iciauiz in itlapoliuiz in maceualli.

No venga a tí, no entre a tu lado el sudor, la fatiga, el agotamiento del pobre vasallo....! [20]

[19] *Ibid.* F. 42 R. y V.
[20] *Ibid.* F. 43 R.

Y en semejante tenor sigue, con largas enumeraciones de reglas. Una oratoria, verdad es, insufrible hoy día. Pero que en sociedades primitivas, como aquella, dan el ideal de la acción del gobernante.

Tras larga enumeración termina con una serie de pensamientos que mueven a meditar: Es efímera la misión del que rige. Todo pasa y él pasa también. Esta grave reflexión hace que el rey entre en sí mismo. No tiene aquella dignidad para su propia grandeza: es representante del dios, es servidor del pueblo.

Doctrina filosófica indiscutible, en este estudio nos interesa solamente la expresión literaria. En sus módulos propios, no es posible dejar de reconocerle valía y aun primor.

Como este discurso podemos hallar consignados en las colecciones, lo mismo de Sahagún que de Olmos, otros largos razonamientos. No haré más que indicar los temas.

De esta misma calidad podemos señalar los discursos de respuesta del monarca; los que dicen los nobles de diferente calidad, con sus propias respuestas; la plática del rey a sus vasallos, para rectificar sus modos de vida, y la respuesta que un noble da al rey en nombre del pueblo. Esto en Sahagún. Que Olmos pudiera darnos una serie más amplia. Una especial indagación y tratado acerca de este tema es lo único que pudiera dar una visión completa de él.

En ese mismo terreno de la oratoria habremos de clasificar los discursos que nos dan para el matrimonio, para la instrucción de los hijos, para la buena marcha del matrimonio; las exhortaciones mismas, más bien rituales que prácticas, que se hace al recién nacido antes de darle el baño de rito.

Un pueblo que amaba la palabra y que buscaba en ella

la galanura de lenguaje y estilo era de necesidad un pueblo de literatos. La falta de alfabeto no fue parte a impedir la exuberancia de este género literario. Conservamos mucho, ¿quién es capaz de conjeturar siquiera lo que pereció?

Capítulo Octavo

LA PRODUCCION IMAGINATIVA

55. *Limitación del tema.* En este capítulo intento agrupar algunas observaciones referentes a una producción particular que no puede entrar en las limitaciones de la historia rigurosamente considerada. Es la narración, más o menos legendaria, más o menos real, de hechos que pudieron acontecer, que realmente acaso acontecieron, pero que la imaginación se ha encargado de revestir de colores más bien ficticios. En esta materia el campo es también inexplorado y ofrece mucho a quien esté deseoso de investigar.

Es necesario definir los linderos entre esta producción y la que he llamado épica. Esta tiene como caracteres propios, fuera del metro, más o menos perceptible en nuestros documentos, una elevación que da al tema un sentido casi religioso. La historia de Quetzalcoatl, por ejemplo, tal como la hallamos en el Libro III de Sahagún, o en los fragmentos que el Códice de Cuauhtitlan pudo conservarnos, aunque no carece de hermosas tintas de vuelo propio de la epopeya, llega a veces a la tierra. Es decir, que tiene unos rasgos netamente humanos, en que la naturaleza del hombre da de suyo lo que necesariamente ha de dar: humor, procacidad, ligereza.

Hay, sin embargo, aquí y allá repartidos por todos los documentos, otros géneros de relatos que pueden bien agruparse en el género novelesco, tal como lo entiende la literatura de Occidente.

Estas relaciones semihistóricas, semilegendarias, a veces llegaron a nosotros solamente en lengua de conquistadores. Pocas son las que mantienen la relación en lengua nativa. Esas pocas, son bastantes para dar ejemplo de lo que pudo ser la narración novelesca entre los antiguos mexicanos, entendiendo bajo este nombre a cuantos hablaron la lengua náhuatl. Voy a dar alguna vista general, con que termine esta revisión de los productos literarios de Anáhuac.

Di en el cap. X de la primera parte de mi Historia,[1] una larga exposición de este tema. Clasifico en este capítulo la variedad de relatos. Aquí quisiera dar algo diferente de lo allí reunido, con que quedara un poco más amplia la visión del tema.

En lengua española hay mucho tomado de fuentes indianas, pero puede alegarse que es ya una literatura extraña. Del nervio mismo de la lengua tenemos en varios documentos narraciones imaginativas, que no necesariamente habrán de ser imaginarias. Veamos algunas.

56. *Ejemplos de este género.* Anécdota llamamos a "una relación ordinariamente breve, de algún rasgo o suceso particular más o menos notable". Vaga cuanto se quiera la definición de la Academia, tiene la ventaja de marcar un punto de vista. Espigando en los autores que hallamos en lengua mexicana podríamos hacer todo un florilegio de anécdotas. Es la primera forma del relato imaginativo. He aquí algunas, que por breves precisamente, no agravan esta exposición demasiado.

He aquí cómo hallamos en el Cód. de Cuauhtitlan consignada la razón de la muerte de Chimalpopoca y su ejecución:

---

[1] Puede verse en el Cap. X de la Primera Parte. En especial las pp. 479 ss.

"Mataron al rey Chimalpopoca de Tenochtitlan. Lo mataron los tepanecas. Lo sentenció el rey de Azcapotzalco, Maxtla; una vez muerto, fue arrastrado por las calles. Lo sacaron y lo encerraron para matarlo. Según se cuenta, había mandado decir al hermano mayor de Maxtla, Quetzaláyatl: 'Hermano, ¿por qué te ha quitado el reino tu hermano Maxtla? ¡El rey eres tú! ¡Eso os dejó establecido vuestro padre Tezozómoc! Y agregó: Mata a tu hermano Maxtla: se ha adueñado de tu reino. Para que puedas matarlo, haz una cabaña: lo invitas a un banquete y allí lo matas.'
Pero este discurso llegó a oídos de Maxtla. Fue cuando dispuso que lo mataran. Y cuando lo mataron estaba labrando piedra: era su intención agrandar el templo de Huitzilopochtli..." [2]

Similar al anterior podrían señalarse muchos pequeños relatos, que a su importancia de tenor histórico, agregan la bella elaboración, nacida de la fantasía que cubre y adereza el hecho con ropajes imaginativos.

Están por estudiar en los documentos indianos lo que llamaron los alemanes *Formengeschichte,* es decir, "formas de historia". En ellas se recoge un hecho, se narra en breve síntesis y se adorna con los recursos de ilusión o belleza poética que el autor primario pudo hallar. Más tarde, la repetida narración de la historia hace que cada oyente y repetidor de algún ingenio ponga un razgo nuevo y con ello va acrecentando el valor literario de tal producto. Esta manera de creación tiene el indudable valor de darnos la obra de una colectividad. Es por eso de suma importancia para el conocimiento de los autores anónimos. No ha muerto el género, a pesar de nuestra saturación de letra impresa. Hoy día en

[2] Cód. de Cuauhtitlán, p. 33, lín. 30 ss. del Ms.

los campos, y aun las ciudades, oímos un cuento, una anécdota, con variaciones siempre. Para la ciencia del folklore, lo mismo que para el psicoanálisis de las multitudes, tiene indudable riqueza.

Vamos a dar otro ejemplo de esta manera de formación semihistórica, seminovelesca.

El episodio de la peregrinación de los futuros tenochcas, narrado en varias fuentes, tiene especial viveza en un Ms. conocido con el nombre de *Códice Aubin*. Guárdase la copia más antigua en el Museo Británico. Una de menor calidad hay en Berlín. De la primera tomo la narración escueta del hecho, acaso real, pero vestido de fantásticos aditamentos. Por breve merece ser traído aquí.

"Cuando iban a comer, después de disponer sus viandas, y edificar un altar, se quebró sobre ellos el árbol: dejaron lo que comían y se retiraron lejos. Entonces les habló el dios, y les dijo: Dad mandato a vuestros acompañantes los ocho grupos tribales, decidles: Ya no iremos: de aquí nos regresaremos. Mucho con ello se entristecieron los ocho grupos tribales." [3]

Es probable que en esta breve anécdota entrañe un sentido esotérico: lo que en este estudio nos interesa es puramente su forma literaria.

A los ejemplos aducidos puede agregar el lector los que hallará en el II Tomo de mi Historia.[4] No cabe dar aquí mayor número de ellos.

57. *Otras producciones.* Más amplias en extensión y con mayor contenido son algunas relaciones, o narraciones novelescas. Podremos mencionar entre ellas la Historia de Neza-

---

[3] Ms. del Museo Británico, f. 3 y en la edición de Peñafiel, p. 13.
[4] *Vid.* Particularmente pp. 428, 482, 486, etc.

hualcóyotl, tal como se halla en el Cód. de Cuauhtitlan. Con ella y con su larga síntesis en los escritos de Ixtlilxóchitl, cuyo original estuvo en lengua náhuatl, aunque hoy día no se conoce, se pudiera tejer una preciosa novela histórica acerca de la vida del gran rey.[5] Verdad es que en esta recopilación de datos hallamos a veces verdadera prosificación de poemas. Pero la contextura general, en su expresión más simple, es de una novela.

Varias narraciones de la colección de Ixtlilxóchitl pueden ser clasificadas en este género. Como desconocemos el original náhuatl, nos limitaremos a mencionarlas. Otro tanto debe decirse de los relatos de Alvarado Tezozómoc en su Crónica Mexicana, escrita sobre textos en la lengua mexicana, pero desconocidos hoy día.

En una más detenida exploración de documentos, y principalmente, el día en que se hallen todos recopilados, estudiados y traducidos se verá que lo que menos faltó entre los que hablaban la lengua náhuatl fue la narración fantástica de los hechos reales. Eso es ya literatura, y no de las mínimas.

---

[5] Cód. de Cuauhtitlan, pp. 41-45. Ixtlilxóchitl, I pte. La Srta. Gilmor escribió una estimable biografía utilizando todos estos y otros muchos datos. Se publicó con el nombre de *The Flute of Smoking-Mirror*.

CONCLUSIONES

58. *Síntesis y reflexiones.* Varias son las deducciones que podemos formar al dar por terminada esta exposición:

1 Existe una literatura en lengua náhuatl. Ella puede dividirse en dos etapas. Una que antecede a la conquista española. Pudimos conocerla gracias a la diligencia y esfuerzo de los primeros civilizadores hispanos, que de la memoria de los indios recogieron al papel, en los férreos vínculos del alfabeto, toda la abundante producción de poemas y relatos, de discursos didácticos y discursos oratorios que andaba en boca de todos y estaba a punto de perderse para siempre. La otra etapa, auxiliada por el alfabeto y la imprenta, que se extiende desde la caída de Tenochtitlan —1521— hasta medio siglo XVIII, aunque muy abundante en su manifestación, ha sido dejada fuera de este estudio con intención plena.

2. Los valores literarios en este dominio de la lengua náhuatl se concentran en dos géneros principalmente: su lírica y su didáctica. Como frutos mejor logrados tenemos una abundante colección de poemas, especialmente breves, en que se expresa el concepto del mundo y de la vida, la disposición del antiguo mexicano ante los problemas de todo hombre. Tenemos también una serie no pequeña de instrucciones morales y de formalidades sociales, con discursos en ocasiones solemnes, que fundan la mejor base para la comprensión del ideal filosófico de aquellos hombres y de su interpretación del mundo.

3. La forma es en muchos casos elegante y bella. Nada

tiene que envidiar a la expresión de otras culturas primitivas. Un estudio más detenido y amplio de tal aspecto hace que la estimación de tal género de obras sea elevado.

4. La misma monotonía de recursos y limitación de medios de expresión de esta literatura es garantía de su autenticidad. No tenían contacto con pueblos extraños. Es una creación netamente mexicana. Es un rasgo que ayuda a acrecentar su valor.

5. Antecedente necesario de la producción literaria en lengua castellana ofrece muchos modos de visión y comprensión del mundo, así como de formas de expresión que deben tenerse en cuenta para la interpretación del espíritu de la literatura mexicana en los siglos de vida hispánica y en el mismo período de la vida nacional autónoma.

6. Como objeto de estudio esta literatura antigua en lengua náhuatl tiene dos grandes méritos: es una literatura original, que no desmerece ante otras antiguas y que tiene la ventaja de ser una producción totalmente aislada. El hombre universal se manifiesta en ella. Y el otro mérito es que forma el sustrato necesario para la comprensión del mexicano moderno. Pueblo mestizo, no puede sustraerse a la vena de lo indígena. Puede expresarse y se expresa en el mejor castellano que pueda desearse: el pensamiento muchas veces, el sentimiento y la emoción casi siempre siguen siendo de carácter primitivo. Como si el paisaje con sus colores, el aire con su diáfana claridad y la tierra con su misterio tejieran el alma de México que ilumina su sol inmortal.

BIBLIOGRAFIA

Para quien desee ahondar en esta clase de conocimientos doy la breve Bibliografía, que no pretende sino señalar lo más importante en el campo de la literatura náhuatl. Va por orden alfabético de autores.

ALCINA FRANCH, José: *Floresta Literaria de la América Indígena*, Madrid, 1957.

BRINTON, Daniel G.: *Ancient Nahuatl Poetry*, Filadelfia, 1887.

———: *Rig Veda Americanus*, Filadelfia, 1890.

CAMPOS, Rubén M.: *La Producción literaria de los Aztecas*, México, 1936.

CORNYN, John H.: *The Song of Quetzalcoatl*, Yellow Springs, 1930.

GARIBAY K., Angel Mª: *La Poesía Lírica Azteca*, Méx., 1937.

———: *Diez Poemas Cortos de Náhuatl*, Méx. 1938.

———: *Poesía Indígena de la Altiplanicie*, UNAM, 1940, 1952 y 1962.

———: *Epica Náhuatl*, UNAM, Méx. 1945.

———: *Historia de la Literatura Náhuatl*, 2 vols. Méx., 1953-1954.

———: *Veinte Himnos Sacros de los Nahuas*, UNAM, Méx., 1958.

———: *Romances de los Señores de la NE.*, Ms. de Juan de Pomar, UNAM, Méx., 1963.

GONZÁLEZ CASANOVA, Pablo: *Cuentos Indígenas*, UNAM, Méx., 1946.

LAMBERT, J. C.: *Les Poesies Mexicaines*, París, 1961.

LEHMMANN, Walter: *Die Geschigte der Konigreich von Colhuacan und Mexiko*, Berlín, 1938.

PEÑAFIEL, Antonio de: *Cantares Mexicanos*, copia del Ms. de la Bib. Nac. de Méx., 1904.

SCHULTZE JENA, L.: *Alt-Aztekischen Gesänge*, Stuttgart, 1957.

SELER, Ed.: *Die religiösen Gesänge der alten Mexikaner*, Berlín, 1904.

VAILLANT, G.: *Aztecs of Mexico*, NY., 1944.